勝利の経典「御書」に学ぶ 12

池田大作

華果成就御書

四条金吾殿御返事
（石虎将軍御書）

新尼御前御返事

聖教新聞社

目次

華《け》果《か》成就《じょうじゅ》御書……5
（御書全集九〇〇ページ～）

四《し》条《じょう》金《きん》吾《ご》殿《どの》御返事《ごへんじ》（石虎《せっこ》将軍《しょうぐん》御書）……45
（御書全集一一八五ページ～）

新尼《にいあま》御前《ごぜん》御返事《ごへんじ》……85
（御書全集九〇四ページ～）

一、本書は、「大白蓮華」に連載された「池田名誉会長講義　勝利の経典『御書』に学ぶ」（二〇一二年三月号、七月号、八月号）を、著者の了解を得て「勝利の経典『御書』に学ぶ 12」として収録した。

一、御書の引用は、『新編　日蓮大聖人御書全集』（創価学会版、第二六六刷）を（御書〇〇㌻）で示した。

一、法華経の引用は、『妙法蓮華経並開結』（創価学会版）を（法華経〇〇㌻）で示した。

一、仏教用語の読み方は、『仏教哲学大辞典』（第三版）を参照した。

一、引用文のなかで、旧字体を新字体に、旧仮名遣いを現代仮名遣いに改めたものもある。また、句読点を補ったものもある。

一、肩書、名称、時節等については、掲載時のままにした。

一、説明が必要と思われる語句には、〈注〇〉を付け、編末に「注解」を設けた。

――編集部

勝利の経典「御書」に学ぶ 12

華《け》果《か》成《じょう》就《じゅ》御書

師弟不二《ふに》ならば広宣流布は必ずできる

春弥生《やよい》三月——。

いよいよ「3・16」を迎《むか》えます。

一九五八年（昭和三十三年）、わが師匠・戸田城聖先生のもとへ六千人の男女青年部が集《つど》い、広宣流布の記念式典を行《おこな》った日です。

「創価学会は宗教界の王者なり」

この戸田先生の大宣言のままに、青年門下《もんか》が広宣流布の大事業を継承《けいしょう》していく、荘厳《そうごん》なる師弟の儀式《ぎしき》でありました。

七十五万世帯の誓願《せいがん》を実現された先生は、私たち青年に、後事《こうじ》の一切《いっさい》を託《たく》してくださったのです。

伸びよ、青年よ！　進め、若人《わこうど》よ！

あの広布の大儀式《だいぎしき》から一周年を迎《むか》えた翌年の春、戸田先生はすでにいらっしゃいませんでした。しかし、師弟は不二《ふに》であるがゆえに、生死《しょうじ》を超えて、先生の師子吼《ししく》は私の心に轟《とどろ》いておりました。

私は青年部の代表に語りました。

「この日、三月十六日を、永遠に広宣流布への記念の節《ふし》にしていこう！　青々《あおあお》とした麦《むぎ》のような青年の季節たる三月に、師のもとに青年部が大結集したことに、不思議《ふしぎ》な意義があるんだよ」

三月といえば、初夏に収穫《しゅうかく》する麦《むぎ》が盛《さか》んに伸びゆく時期です。麦畑《むぎばたけ》はいまだ寒い風霜《ふうそう》にも負《ま》けず、若々しい青年のように青々《あおあお》と輝《かがや》いています。

伸びよ、青年よ！

進め、若人《わこうど》よ！

勝ちまくれ、弟子たちよ！

それが戸田先生の願いでした。師が弟子に託《たく》した希望の道です。生命の法則の道です。

さあ、今回は「華果成就御書《けかじょうじゅごしょ》」を拝《はい》して、勝利の花咲《さ》く明日《あした》へ、晴《は》れ晴《ば》れと師弟の真髄《しんずい》の道を共《とも》に進んでいきましょう。

御文

（御書九〇〇ページ一行目〜二行目）

其《そ》の後《のち》なに事《ごと》もうちたへ申《もう》し承《うけたま》わらず候《そうろう》、さては建治《けんじ》の比《ころ》・故《こ》道善房聖人《どうぜんぼうしょうにん》のために二札《さつ》かきつかはし奉《たてまつ》り候を嵩《かさ》が森《もり》にてよませ給《たま》いて候よし悦《よろこ》び入《い》って候

現代語訳

その後《ご》は、何事《なにごと》も、全《まった》くとだえて、お伺《うかが》いしていません。去《さ》る建治《けんじ》のころ、故《こ》・道善房聖人《どうぜんぼうしょうにん》のために二通《つう》を書いて送って差し上げたのを、嵩《かさ》が森《もり》で読ませたとのこと、悦《よろこ》んでいます。

「師恩《しおん》」に報《むく》いる心を表す

本抄は弘安元年《こうあんがんねん》（一二七八年）四月、日蓮大聖人の故郷《こきょう》・安房国《あわのくに》（千葉県南部）の清澄寺《せいちょうじ》で活動する、若き日の兄弟子《あにでし》であった浄顕房《じょうけんぼう》・義浄房《ぎじょうぼう》〈注1〉の二人に送られたお手紙です。

二年前（建治《けんじ》二年）、大聖人が仏門《ぶつもん》に入られた際《さい》の師匠であった道善房《どうぜんぼう》が死去《しきょ》しました。身延《みのぶ》（山梨県南西部）の地で訃報《ふほう》を聞かれた大聖人は、懐《なつ》かしき旧師《きゅうし》を偲《しの》び、師恩《しおん》に報《むく》いる真情《しんじょう》を込めて「報恩抄《ほうおんしょう》」を認《したた》められました。これに、浄顕房《じょうけんぼう》宛《あ》ての「送文《おくりぶみ》」を添《そ》えて、門下《もんか》の一人に持たせて清澄寺《せいちょうじ》に遣《つか》わされたのです。

「送文《おくりぶみ》」によれば、浄顕房《じょうけんぼう》と義浄房《ぎじょうぼう》が清澄山《きよすみやま》や道善房《どうぜんぼう》の墓所《ぼしょ》で、使いの門下《もんか》に「報恩抄《ほうおんしょう》」を読ませるように依頼《いらい》されていました。道善房のために「報恩抄」が読まれたことを、大聖人は心から喜ばれていたのです。

大聖人を守った浄顕房《じょうけんぼう》・義浄房《ぎじょうぼう》

ここで、あらためて、大聖人と清澄寺《せいちょうじ》、そして旧師《きゅうし》の道善房《どうぜんぼう》、兄弟子《あにでし》の浄顕《じょうけん》房《ぼう》・義浄房《ぎじょうぼう》との縁《えにし》を確認しておきたいと思います。

大聖人は御年《おんとし》十二歳の時、清澄寺《せいちょうじ》に登って道善房《どうぜんぼう》のもとに入門《にゅうもん》されます。清澄寺《せいちょうじ》は台密《たいみつ》（天台密教《てんだいみっきょう》）の流れを汲《く》む比較的《ひかくてき》、大きな寺院《じいん》で、いくつかの僧《そう》坊《ぼう》を構《かま》えていました。

道善房《どうぜんぼう》は、そうした僧坊《そうぼう》の一つの住僧《じゅうそう》であったようです。また幼少《ようしょう》の大聖人が入門《にゅうもん》当時、最も身近な先輩として、親身《しんみ》に仏法研鑽《けんさん》の手ほどきをしてくれたのが浄顕房《じょうけんぼう》と義浄房《ぎじょうぼう》でした。

やがて十六歳で正式な僧《そう》となった大聖人は、仏法の「肝要《かんよう》」を究《きわ》めるため、比叡山《ひえいざん》などでも研鑽《けんさん》されました。そして法華経こそ諸経《しょきょう》の王であり、その肝要である万人成仏《ばんにんじょうぶつ》の根本法たる南無妙法蓮華経を弘宣《ぐせん》することを生涯《しょうがい》の使命と決意されたのです。

建長《けんちょう》五年（一二五三年）四月二十八日、大聖人は、清澄寺《せいちょうじ》において、本格的《ほんかくてき》な宗教改革の戦いを開始されました。立宗宣言《りっしゅう》です。

たちまち、念仏《ねんぶつ》の強信者《ごうしんじゃ》であった地頭《じとう》・東条景信《とうじょうかげのぶ》〈注2〉が迫害《はくがい》を加えてきました。

ところが、師匠の道善房《どうぜんぼう》は臆病《おくびょう》のゆえに、心中《しんちゅう》では大聖人を不憫《ふびん》に思っていても、地頭《じとう》の権力を恐れ、大聖人を守ろうとしなかった。結果として、見捨ててしまったのです。

その中で、大聖人を幼少期《ようしょうき》から知り、仏法の真髄《しんずい》を求めて止《や》まない姿《すがた》を目《ま》の当《あ》たりにしてきた浄顕房《じょうけんぼう》と義浄房《ぎじょうぼう》の二人は、危険を顧《かえり》みず、大聖人をお守りし抜きました。

後年《こうねん》、大聖人は、この行動を、「天下《てんか》第一の法華経に対する御奉公《ごほうこう》であり、後生《ごしょう》を疑《うたが》ってはなりません」（御書三二四ページ、通解）と賞讃《しょうさん》されています。

法華経への信を貫《つらぬ》けなかった道善房《どうぜんぼう》

さて、その後の道善房《どうぜんぼう》です。

文永元年《ぶんえいがんねん》（一二六四年）の十一月、小松原《こまつばら》の法難《ほうなん》〈注３〉の直後、大聖人は、安房国西条花房《あわのくにさいじょうはなぶさ》（千葉県鴨川市《かもがわし》）で旧師《きゅうし》・道善房《どうぜんぼう》と再会されます。この折《おり》、道善房から、念仏《ねんぶつ》信仰を続けていること、阿弥陀仏像《あみだぶつぞう》を五体造《たいつく》ったこと、そして自分の後生《ごしょう》はどうなるだろうかという不安を打ち明けられたのです。

この時、大聖人は、忠言《ちゅうげん》耳に逆《さか》らうことも厭《いと》わず、あえて厳しい言葉で道善《どうぜん》房《ぼう》の謗法《ほうぼう》を破折《はしゃく》されました。

大聖人の熱誠《ねっせい》の折伏《しゃくぶく》が大きな機縁《きえん》となったのでしょう。その後、道善房《どうぜんぼう》が法華経に帰依《きえ》したという報告も伝わってきました。大聖人はどんなに喜ばれたことでしょうか。

しかし、大聖人の竜《たつ》の口《くち》の法難《ほうなん》・佐渡流罪《さどるざい》という大難《だいなん》の時、道善房《どうぜんぼう》はかかわりを閉《と》ざします。後《のち》に大聖人は、この時のことを「力《ちから》なき人にも・あらざりしがさど《佐渡》の国までゆきしに一度もとぶらは《訪》れざりし事《こと》は法華経を信じたるにはあらぬぞかし」（御書三二三ジペー）と厳しく指摘されています。

道善房《どうぜんぼう》は大聖人の旧師《きゅうし》とはいえ、決して卓越《たくえつ》した人物ではありませんでした。しかし大聖人は、道善房死去《しきょ》の報《しら》せを聞いて、「火にも入《い》り水にも沈《しず》み・はし《走》りたちても」（御書三二三ジペー）と、なんとしても墓前《ぼぜん》に行き、経を一巻読誦《どくじゅ》したいと願われます。その思いは、先に紹介したように「報恩抄《ほうおんしょう》」を墓前で読ませることで結実したのです。

峻厳《しゅんげん》な法理のうえでは法華経信仰を貫《つらぬ》けなかった道善房《どうぜんぼう》を厳しく呵責《かしゃく》されながらも、旧師《きゅうし》の恩に報《ほう》ずる思いで、なんとしても救おうとされる、大聖人の御《ご》心情《しんじょう》が伝わってきます。

本抄の冒頭の一節にも、広大な心で旧師《きゅうし》を包《つつ》まれる大慈悲《だいじひ》を拝《はい》することができます。

御文

（御書九〇〇㌻二行目～五行目）

たとへば根ふかきときんば枝葉《えだは》かれず、源《みなもと》に水あれば流《ながれ》かはかず、火はたきぎ・かく《欠》ればたへぬ、草木《そうもく》は大地なくして生《せい》長《ちょう》する事《こと》あるべからず、日蓮・法華経の行者《ぎょうじゃ》となつて善悪《ぜんあく》につけて日蓮房《ぼう》・日蓮房とうたはるる此《こ》の御恩《ごおん》さながら故《こ》師匠道善房《どうぜんぼう》の故《ゆえ》にあらずや、日蓮は草木の如《ごと》く師匠は大地の如し

現代語訳

たとえば、根が深ければ枝葉《えだは》は枯《か》れず、源《みなもと》に水があれば流れは涸《か》れ

ることはない。火は薪《たきぎ》がなくなれば消える。草木《そうもく》は大地《だいち》がなくては生《せい》長《ちょう》することはできない。日蓮が法華経の行者《ぎょうじゃ》となって、善《よ》きにつけ悪《あ》しきにつけ、日蓮房《ぼう》・日蓮房と呼ばれるようになったこの御恩《ごおん》は、そのまま全部、師匠の故《こ》・道善房《どうぜんぼう》のおかげである。日蓮は草木のようであり、師匠は草木を育《はぐく》む大地のようなものである。

「知恩《ちおん》」は人間としての基本

ここでは、弟子の立場から師匠への深き報恩《ほうおん》感謝の御心情《ごしんじょう》を、吐露《とろ》されています。

自分が今あるのは誰のお陰《かげ》なのか。いかなる支え、いかなる因縁《いんねん》があって、現在の自分があるのか――その由来《ゆらい》を深く知ることが、知恩《ちおん》・報恩《ほうおん》の基盤となります。恩を知り、恩に報《むく》いることは、人間としての基本です。

そうした眼《まなこ》で拝《はい》すると、「根が深く張っていれば枝葉《えだは》は枯《か》れることはない」「源《みなもと》に滾々《こんこん》と水が湧《わ》いていれば流れは枯渇《こかつ》することはない」「火は薪《たきぎ》がなくなれば消える」「草木《そうもく》は大地がなければ生長《せいちょう》することはない」という譬喩《ひゆ》からは、自身を大きく育《はぐく》んでくれた存在への尽《つ》きせぬ理解と感謝が浮かび上がり、胸に迫《せま》ってきます〈注4〉。

私は、この譬喩《ひゆ》の中から、「生長《せいちょう》」という言葉を胸に刻みたい。弟子の成長こそ師弟の関係における最重要のテーマにほかならないからです。

枝葉《えだは》の豊かな茂《しげ》り、滔々《とうとう》たる大河《たいが》の流れ、炎《ほのお》の盛《さか》んな燃え広がり、さらに草《そう》木《もく》がグングンと伸びて生長《せいちょう》していく姿《すがた》——それらは、すべて後継《こうけい》の弟子の成長の象徴《しょうちょう》ではないでしょうか。

仏法を広く行き渡らせ、未来永遠に伝え残すことも、伝持《でんじ》の人である弟子の成長にかかっています。

大聖人は、亡《な》くなった父の跡《あと》を継いで立派《りっぱ》に成長した南条時光《なんじょうときみつ》に対して「藍《あい》

よりもあを《青》く・水よりもつめた《冷》き氷《こおり》かな」（御書一五五四ページ）と賞讃《しょうさん》されていま
す。「藍《あい》より青し」〈注5〉です。弟子の成長ほど、うれしいものはありません。

では、大聖人御自身《ごじしん》にとって、真の弟子の証《あかし》である「成長」とは何であったか。

それが「法華経の行者《ぎょうじゃ》」になられたということでした。いうまでもなく「法華経の行者」とは、濁世末法《じょくせまっぽう》において法華経を如説修行《にょせつしゅぎょう》する弘通者《ぐつうしゃ》であり、大《だい》難《なん》を受けながら仏に代わって悪世《あくせ》の民衆を救済《きゅうさい》する指導者です。

そして、大聖人が仏法を究《きわ》めて、「法華経の行者《ぎょうじゃ》」になることができた淵源《えんげん》を尋《たず》ねれば、道善房《どうぜんぼう》と師弟の縁《えにし》を結んだことに思い至《いた》らざるをえない、ということです。

「弟子は草木《そうもく》」「師匠は大地」

また、「善《よ》きにつけ悪《あ》しきにつけ日蓮房《ぼう》、日蓮房と呼ばれるようになった」とあります。名前は広く知られるようになりましたが、その大半《たいはん》は悪口雑言《あっこうぞうごん》です。清廉潔白《せいれんけっぱく》な聖僧《せいそう》であられるのに、「犯僧《ぼんそう》の名四海《しかい》に満《み》ち」「悪名一天《あくみょういってん》に弥《はびこ》れり」（御書九三六ジペー）というような事実無根《じじつむこん》の誹謗《ひぼう》が充満《じゅうまん》しました。

しかし、こうした非難中傷《ひなんちゅうしょう》も、法華経を身に当てて拝《はい》するならば、すべて「猶多怨嫉《ゆたおんしつ》・況滅度後《きょうめつどご》」〈注6〉、「悪口罵詈《あっくめり》」〈注7〉等とある通り、如説修行《にょせつしゅぎょう》の「法華経の行者《ぎょうじゃ》」である証拠《しょうこ》です。

悪く言われるのは、むしろ正義の誉《ほま》れです。その意味から、順縁《じゅんえん》・逆縁《ぎゃくえん》〈注8〉の両面において、日本中に法華経の正義を宣揚《せんよう》することができた。これも師匠・道善房《どうぜんぼう》のお陰《かげ》だと感謝されているのです。

自身の拠《よ》って立つ基盤を顧《かえり》みれば、そこに必ず師の存在がある。師の恩がある。「日蓮は草木《そうもく》の如《ごと》く師匠は大地の如し」――仏法の知恩《ちおん》・報恩《ほうおん》の心は、なんと深く、なんと広大でありましょうか。

ここで、私は、戦時中、軍部《ぐんぶ》政府に対峙《たいじ》し、正義を叫んだゆえに獄死《ごくし》された先師《せんし》・牧口常三郎先生に、戸田先生が捧《ささ》げられた言葉を、あらためてかみしめたいと思います。

「あなたの慈悲《じひ》の広大無辺《むへん》は、わたくしを牢獄《ろうごく》まで連《つ》れていってくださいました。そのおかげで、『在在諸仏土《ざいざいしょぶつど》・常与師倶生《じょうよしぐしょう》』〈注9〉と、妙法蓮華経の一句《いっく》を身をもって読み、その功徳《くどく》で、地涌《じゆ》の菩薩《ぼさつ》〈注10〉の本事《ほんじ》〈注11〉を知り、法華経の意味をかすかながらも身読《しんどく》することができました。なんたるしあわせでございましょうか」

この報恩《ほうおん》の心こそ、創価の師弟の魂《たましい》です。

そして私自身、十九歳の夏、東京・大田区での座談会《ざだんかい》で戸田先生にお会いし、「この人を師匠としてついていこう」と願って弟子とならなければ、今日《こんにち》の私はありません。仏法の本義《ほんぎ》も知らなければ、尊《とうと》き同志と共《とも》に、人類の平和と幸福のために生き抜く人生も知り得なかったでありましょう。

私が対談した中国の歴史学者の章開沅《しょうかいげん》先生（華中師範《かちゅうしはん》大学元学長）は、座右《ざゆう》の銘《めい》として「薪火相伝《しんかそうでん》」という言葉を挙《あ》げられました。「弟子は師の美徳《びとく》を受け継ぎ、師の果《は》たせなかった事業を成《な》し遂《と》げるべきであるという意味であると説明されながら、こう語ってくださいました。

「創価学会において、牧口会長から戸田会長へ、そして池田先生へと、三代の会長に平和への信念が厳然《げんぜん》と受け継がれてきたことは、まさに『薪火相伝《しんかそうでん》』と呼ぶにふさわしい壮挙《そうきょ》といえましょう」「平和への信念の炎《ほのお》が、これからも池田先生から若き後継《こうけい》の青年たちへと綿々《めんめん》と受け継がれていくことを、強く確信しております」（『人間勝利の春秋』第三文明社）

青年こそ希望です。たとえ薪《たきぎ》に火がいったん着火《ちゃっか》しても、その火を大切に守り、雨風を凌《しの》ぎ、油断《ゆだん》も手抜きもなく、新たな薪を加えながら受け継いでいかなければ、炎《ほのお》は大きく広がりません。

師から弟子へ「精神の炎《ほのお》」を継承《けいしょう》する実践を説《と》くのが仏法です。師恩《しおん》に報《ほう》ずる精神なくして、仏法とはいえません。

御文

（御書九〇〇ページ五行目〜八行目）

彼《か》の地涌《じゆ》の菩薩《ぼさつ》の上首《じょうしゅ》四人にてまします、一名上行乃至四《いちみょうじょうぎょうないしし》名安立行《みょうあんりゅうぎょう》菩薩云云《うんぬん》、末法《まっぽう》には上行・出世《しゅっせ》し給《たま》はば安立行菩薩も出現せさせ給《たま》うべきか、されば いね《稲》は華《はな》果《み》成就《じょうじゅ》すれども必ず米《こめ》の精《せい》・大地にをさまる、故《ゆえ》にひつぢ《再苗》おひ《生》いでて二度華果成就するなり、日蓮が法華経を弘《ひろ》むる功徳《くどく》は必ず道善房《どうぜんぼう》の身に帰《き》すべしあらたうと《貴》たうと

現代語訳

かの地涌《じゆ》の菩薩《ぼさつ》の上首《じょうしゅ》は、四人でいらっしゃる。「第一を上行《じょうぎょう》菩薩と名付け〈中略〉第四を安立行《あんりゅうぎょう》菩薩と名付ける」（従地涌出品《じゅうちゆじゅっぽん》第十五）と説《と》かれている。末法《まっぽう》の世に上行菩薩が出られるなら、安立行菩薩も出現されるはずであろう。

稲《いね》は花を咲《さ》かせ果《み》をならせても、必ず、米《こめ》の精《せい》は大地に還《かえ》る。ゆえに、刈《か》り取った後の株《かぶ》から、また芽《め》が伸び出て再び花や果を結ぶのである。

日蓮が法華経を弘《ひろ》める功徳《くどく》は、必ず道善房《どうぜんぼう》の身に還《かえ》るであろう。まことに貴《とうと》いことである。

弟子の功徳《くどく》は師匠に還《かえ》る

六万恒河沙《ごうがしゃ》の地涌《じゆ》の菩薩《ぼさつ》が躍《おど》り出た壮大《そうだい》な陣列《じんれつ》の先頭には、四人のリーダー（上首《じょうしゅ》）がいました。上行《じょうぎょう》、無辺行《むへんぎょう》、浄行《じょうぎょう》、そして安立行《あんりゅうぎょう》と呼ばれる四菩薩《しぼさつ》です。

ここでは詳細《しょうさい》は省《はぶ》きますが、法華経の如来神力品《にょらいじんりきほん》第二十一において釈尊《しゃくそん》は、この上行《じょうぎょう》らを筆頭《ひっとう》とする地涌《じゆ》の菩薩《ぼさつ》に妙法を付嘱《ふぞく》し、滅後末法《めつごまっぽう》の弘通《ぐつう》を託《たく》されます。

すなわち上行菩薩《じょうぎょうぼさつ》の末法《まっぽう》出現は、仏との約束なのです。そして約束通り上行菩薩が出現されるならば、当然、安立行《あんりゅうぎょう》菩薩も現れるであろうと仰《おお》せです。

この一節は、上行菩薩《じょうぎょうぼさつ》がすでに出現していることが強く示唆《しさ》されており、大聖人が自《みずか》ら上行菩薩であることを明かされた重要な御文でもあります。

一方、安立行菩薩《あんりゅうぎょうぼさつ》の出現については、道善房《どうぜんぼう》その人に重ねることは本抄の元意《がんい》ではないと思われます。念仏《ねんぶつ》への迷いを断ち切れなかった道善房は、やはり四菩薩《しぼさつ》の一人とはいえないからです。

ただ、「御義口伝《おんぎくでん》」では、安立行《あんりゅうぎょう》を大地に配《はい》して「大地は草木《そうもく》を長《ちょう》ずるを以《もっ》て行《ぎょう》とするなり」（御書七五一ジペー）と仰《おお》せであり、先の「師匠は大地の如《ごと》し」という御文と合わせ、上行菩薩《じょうぎょうぼさつ》たる大聖人を世に送り出した道善房《どうぜんぼう》に、あたかも大地のような働きを汲《く》み取《と》られていたとも拝《はい》されます。あくまで、大聖人の大《だい》境涯《きょうがい》に包摂《ほうせつ》されての仰せではないでしょうか。

次は本抄の題号《だいごう》のもととなった御文です。

――稲《いね》が伸び、花が咲《さ》き、やがて穂《ほ》が垂《た》れるほど豊かに実《みの》る（最初の華果成《けかじょう》就《じゅ》）。実った稲は刈《か》り取られるが、米《こめ》の精《せい》（大本《おおもと》の生命力）は消えないで必ず大地に収《おさ》まるゆえに、残った株《かぶ》から新たな芽《め》が伸びて、再び稲が実る（二度目の華果成就）。

「ひつじ（穭・稲孫）」とは、刈《か》った後の株《かぶ》から再び生《は》えてくる稲《いね》のことです。

師匠は大地、弟子は草木《そうもく》とすれば、最初の華果成就《けかじょうじゅ》は、弟子が立派《りっぱ》に成長し、成仏《じょうぶつ》するということです。そして弟子が成就《じょうじゅ》したその大功徳《だいくどく》は、米《こめ》の精《せい》が大地に還《かえ》るのと同じく、今度は師匠（大地）に還り、師匠をも成仏《じょうぶつ》させることができる。その証《あかし》として二度目の華果成就《けかじょうじゅ》があるのです。

この「二度華果成就《はなみじょうじゅ》するなり」との道理を踏《ふ》まえれば、「法華経の行者《ぎょうじゃ》」として大聖人が妙法を弘通《ぐつう》する大功徳《だいくどく》は、師弟の深き結縁《けつえん》によって、必ず道善房《どうぜんぼう》の身に回向《えこう》され成仏《じょうぶつ》するのであり、なんと尊《とうと》いことであろうかと喜ばれています。

同じ趣旨は「報恩抄《ほうおんしょう》」の末尾《まつび》にも示されています。

「されば花は根にかへり真味《しんみ》は土にとどまる、此《こ》の功徳《くどく》は故道善房《こどうぜんぼう》の聖霊《しょうりょう》の御身《おんみ》にあつまるべし」（御書三二九ジベー）と。

未来永遠にわたって全世界の民衆を幸福にしゆく生命変革の大法《だいほう》を確立した大功徳《だいくどく》は、旧師《きゅうし》・道善房《どうぜんぼう》のもとに集まるのです。これ以上の報恩《ほうおん》はありません。

御文

（御書九〇〇ジペー八行目〜九行目）

よき弟子をもつときんば師弟・仏果《ぶっか》にいたり・あしき弟子をたくはひぬれば師弟・地獄《じごく》にをつといへり、師弟相違《そうい》せばなに事《ごと》も成《なす》べからず委《くわし》くは又又申《またまたもう》すべく候《そうろう》

現代語訳

よい弟子をもてば師弟は共《とも》に仏果《ぶっか》に至《いた》り、悪い弟子を養《やしな》えば師弟共に地獄《じごく》に堕《お》ちるといわれている。師匠と弟子の心が違《たが》えば何事《なにごと》も成就《じょうじゅ》することはできない。詳《くわ》しいことは、また申《もう》し上《あ》げます。

弟子の勝利こそ師匠の勝利

先述《せんじゅつ》したように、道善房《どうぜんぼう》は大聖人の折伏《しゃくぶく》を受けて法華経に心を寄せながら、結局、念仏《ねんぶつ》への執着《しゅうちゃく》を断ち切れないまま死去《しきょ》しました。

しかし、大聖人のごとく弟子が正法《しょうほう》を修行《しゅぎょう》して仏果《ぶっか》を得るならば、その功徳《くどく》によって師匠をも救うことができます。まさに「よき弟子をもてば師弟共《とも》に成《じょう》仏《ぶつ》する」のです。

反対に、邪道《じゃどう》に迷う「悪《あ》しき弟子」は成仏《じょうぶつ》という華果《けか》を成就《じょうじゅ》することはできない。自身も救えないゆえに、結果として、師弟共《とも》に地獄《じごく》に堕《お》ちるといわれるのです。

「弟子と師匠とが心を同じくしない祈りは、水の上で火を焚《た》くようなものであり、叶《かな》うわけがない」（御書一一五一ジペー、通解）とも仰《おお》せです。師弟が心を一つに合わせ、命《いのち》のギアを合わせることこそ、勝利の鉄則《てっそく》なのです。

何より大聖人御自身《ごじしん》が、師匠をも救い切っていく「よき弟子」、真の「弟子の道」を歩《あゆ》み通されました。まさしく、弟子の勝利が師匠の勝利です。一切《いっさい》は弟子で決まります。

本抄は、大聖人御自身《ごじしん》が真の「弟子の道」を貫《つらぬ》かれたことを示されるとともに、同じ道善房《どうぜんぼう》を師匠とした兄弟子《あにでし》である、浄顕房《じょうけんぼう》、義浄房《ぎじょうぼう》にも指導されています。大聖人が歩《あゆ》まれたごとく「よき弟子」として生き抜き、師匠をも成仏《じょうぶつ》させる弟子たれ！　と勧《すす》められたお言葉と拝《はい》されます。

本抄のこの厳格《げんかく》なる一節を、私も若き日より生命に染《そ》め抜いてきました。わが創価の同志も、大切に生命に刻んできた御文です。

戸田先生も、生涯《しょうがい》、牧口先生に対して「弟子の道」を貫《つらぬ》かれました。牧口先生を語る時、常に峻厳《しゅんげん》な表情であられた。「弟子は弟子の道を守らねばならぬ」と言われ、大事なことは、師匠の教えを自身の生活の中で現実に現すことだと教えてくださいました。

そして、仏法で最も大事な「師弟の世界」を破《やぶ》ろうとする輩《やから》には厳しかった。純真《じゅんしん》な広布の世界を破壊《はかい》する者を断じて許すな、とそれはそれは厳粛《げんしゅく》でした。「師弟の世界」を絶対に守り抜けとは、戸田先生の厳命《げんめい》です。

仏法の根幹は「師弟」です。

「師弟」という、何よりも深く、強く、そして美しい生命の交流の中でこそ、弟子の生命は「小我《しょうが》」への執着《しゅうちゃく》を打ち破《やぶ》り、「大我《たいが》」に立脚《りっきゃく》した境涯《きょうがい》を開くことができるからです。

人類の境涯《きょうがい》を変える「師弟の大道《だいどう》」

師弟不二《ふに》であれば何事《なにごと》も成《な》し遂《と》げ、一切《いっさい》に勝利していけます。「師弟の道」は、「絶対勝利の大道《だいどう》」なのです。

仏とは、生命の変革を遂《と》げた師匠です。その師の願いは、一切衆生《いっさいしゅじょう》を「我《わ》が如《ごと》く等《ひと》しくして異《こと》なること無《な》からしめん」〈注12〉という万人成仏《ばんにんじょうぶつ》の大願《だいがん》です。

この師の願いを実現するために弟子が立ち上がるドラマこそ、法華経の主題《しゅだい》であるともいえます。広宣流布とは、人類を仏と同じ境涯《きょうがい》に高めゆく、間断《かんだん》なき、そして壮大《そうだい》なる戦いなのです。

大聖人は、幾度《いくど》も「日蓮が一門《いちもん》」（御書一三六〇ジペー等）と仰《おお》せです。その深き使命感に立って進むのが、広宣流布の道です。貪瞋癡《とんじんち》の三毒《さんどく》〈注13〉に侵《おか》され、さまざまな戦乱《せんらん》や悲惨《ひさん》の流転《るてん》を繰り返しゆく人類を、人間革命によって救っていくための崇高《すうこう》な精神闘争なのです。それはやがて、人類の境涯《きょうがい》を変え、世界の命運《めいうん》をも変えていくのです。

御文

（御書九〇〇ページ九行目～九〇一ページ一行目）

常にかたり《語》あわせ《合》て出離生死《しゅつりしょうじ》して同心《どうしん》に霊山浄土《りょうぜんじょうど》にてうなづき《頷》かたり給《たま》へ、経に云《いわ》く「衆《しゅ》に三毒《さんどく》有《あ》ることを示し又邪見《またじゃけん》の相《そう》を現《げん》ず我《わ》が弟子是《か》くの如《ごと》く方便《ほうべん》して衆生《しゅじょう》を度《ど》す」云云《うんぬん》、前前申《さきざきもう》す如く御心得《おんこころえ》あるべく候《そうろう》、穴賢《あなかしこ》穴賢。

現代語訳

常に語り合って生死《しょうじ》を離れ、同心《どうしん》に霊山浄土《りょうぜんじょうど》に行《い》ってうなずき合って語らいなさい。法華経には「衆生《しゅじょう》に対して自《みずか》ら貪瞋癡《とんじんち》の三毒《さんどく》があることを見せ、また邪見《じゃけん》にとらわれている姿《すがた》を見せたりする。私の弟子は、このように方便《ほうべん》によって衆生を救済《きゅうさい》するのである」（五百弟子受記品第八《ごひゃくでしじゅきほん》）と説《と》かれている。

前々《まえまえ》に申《もう》し上《あ》げた通り、よく心得《こころえ》ていきなさい。あなかしこ、あなかしこ。

「民衆の中へ」――それが仏法

浄顕房《じょうけんぼう》と義浄房《ぎじょうぼう》は、いまだ念仏《ねんぶつ》信仰が盛《さか》んな清澄寺《せいちょうじ》の中にあって、大聖人の教えの通りに法華経の信心を持続してきました。この厳しい状況下で、いかに強盛《ごうじょう》に信心を貫《つらぬ》いていけばよいのか。

大聖人は、その指針として、二人が「よく語り合い、励まし合うこと」を強調されています。そして生死《しょうじ》の苦しみを離れ、共《とも》に霊山浄土《りょうぜんじょうど》（久遠《くおん》の仏の世界）

に行き、すでに成仏《じょうぶつ》して、そこにいる道善房《どうぜんぼう》と親しく語り合いなさいと言われています。

続いて、法華経五百弟子受記品《ごひゃくでしじゅきほん》第八の「衆《しゅ》に三毒有《さんどくあ》ることを示し」などの偈《げ》を引かれています〈注14〉。

この経文は、釈尊《しゃくそん》の十大《じゅうだい》弟子で、説法《せっぽう》第一と讃《たた》えられた声聞《しょうもん》の富楼那《ふるな》が、成仏《じょう ぶつ》の記別《きべつ》（保証《ほしょう》）を与えられる際《さい》に説《と》かれた言葉です。富楼那は多くの人々の中に飛び込み、巧《たく》みな言論《げんろん》・雄弁《ゆうべん》をもって説法してきました。

別の経典では、たとえ人々から迫害《はくがい》されても法を説《と》き切っていくと、不惜身命《ふしゃくしんみょう》の覚悟《かくご》を釈尊《しゃくそん》の前で宣言し、人々を救った話が紹介されています。

そして、この法華経の受記品《じゅきほん》では、富楼那《ふるな》の布教《ふきょう》の行動は、今世《こんぜ》だけでなく、過去の諸仏《しょぶつ》のもとでも人々に法を語り続け、無数の衆生《しゅじょう》を得脱《とくだつ》させてきたことが明かされます。

引用されている受記品《じゅきほん》の経文には、本当は富楼那《ふるな》は、仏土《ぶつど》を浄化《じょうか》する菩薩行《ぼさつぎょう》を貫《つらぬ》いてきたが、今は、生死《しょうじ》を厭《いと》う声聞《しょうもん》の姿《すがた》を現している。それも、人々を救うための方便《ほうべん》である、ということが示されたものです。

衆生《しゅじょう》と自分の間《あいだ》に、壁や垣根《かきね》を作り、自《みずか》らを一人高みに置いていては、本当に衆生を救うことはできない。

ゆえに菩薩《ぼさつ》は、自《みずか》らも三毒強盛《さんどくごうじょう》の凡夫《ぼんぷ》の姿《すがた》、邪見《じゃけん》の九界《きゅうかい》の姿を示しながら、人間の中で仏法を説《と》くのです。

浄顕房《じょうけんぼう》と義浄房《ぎじょうぼう》は、心中《しんちゅう》では、すでに法華経を深く信じているが、現実には清澄寺《せいちょうじ》という寺で生活しており、大聖人への敵対者《てきたいしゃ》が多い中で苦労もしています。

しかし、それは人々を導《みちび》き救っていくための方便《ほうべん》であり、真実の姿《すがた》は「法華経の行者《ぎょうじゃ》」だと自覚して、戦い抜いていきなさいと教えられているのです。

末法《まっぽう》は五濁悪世《ごじょくあくせ》〈注15〉です。この多事多難《たじたなん》の苦悩多き現実社会にあって、私たちは信心しています。自身もさまざまな苦悩や課題を抱《かか》え、生老病死《しょうろうびょうし》の悩みは容赦《ようしゃ》なく襲《おそ》いかかってきます。妙法を持《たも》ち、胸中《きょうちゅう》には最高に力強《ちからづよ》い仏の生命を秘めているといっても、悩みのない人間などいない。皆、凡夫《ぼんぷ》です。

　まさに、ここに甚深《じんじん》の意味があるのです。

苦悩の民衆の真《ま》っただ中《なか》で同苦し折伏《しゃくぶく》したがゆえに、学会は「貧乏人と病人の集まり」と悪口《あっこう》されました。多くの同志が、病気、経済苦、家庭不和《ふわ》等々、人生の辛酸《しんさん》をなめてきたどん底《ぞこ》から、使命に目覚《めざ》め、頭《こうべ》を上げ、胸を張り、毅《き》然《ぜん》と立ち上がってきたのです。

　苦労している同志に対して、戸田先生はよく言われました。

「我々《われわれ》の姿《すがた》は、〝貧乏菩薩《ぼさつ》〟や〝病気菩薩〟のように見えるが、それは人生の劇《げき》を演《えん》じているんだよ。正真正銘《しょうしんしょうめい》の地涌《じゆ》の菩薩なんだ。人生の劇なら、思いきって楽しく演じ、妙法の偉大さを証明していこうではないか！」

　これが、我《われ》ら地涌《じゆ》の同志の誇りです。

　悩んだ分、人の悩みがわかる自分になるのです。苦しんだ分、同苦できる人間になるのです。

絶《た》えず「民衆の中へ」――自《みずか》らも民衆の一員として、民衆の大海《たいかい》の中で勇《いさ》み立ち、朗《ほが》らかに前進していく。その誉《ほま》れある実践を貫《つらぬ》き通して仏法を弘《ひろ》めていくのが、真実の「法華経の行者《ぎょうじゃ》」なのです。

「3・16」とは弟子が立ち上がる日

それは、一九六〇年（昭和三十五年）の三月十六日のことでした。

私は青年たちと「威風堂々《いふうどうどう》の歌」を大合唱するとともに、こう宣言しました。

――学会は「3・16」「4・2」そして「5・3」へと、連続勝利のリズムで永遠に勝ち進むのだ、と。

そして迎《むか》えた五月三日、私は戸田門下生《もんかせい》を代表して第三代会長に就任《しゅうにん》したのです。

厳寒《げんかん》の冬を耐《た》えに耐え抜き、満々《まんまん》と蓄《たくわ》えた生命力を一気に爆発させるように、春は生命の躍動《やくどう》の季節です。一年また一年、季節が冬から春へと巡《めぐ》りゆくたびに、私たちは決意も新たに前進の勢《いきお》いを増してきました。

なかんずく「3・16」は、「弟子が立ち上がる日」として胸に刻んできました。

「師弟不二《ふに》」の魂《たましい》を継承《けいしょう》する日です。

「師弟不二《ふに》」の完勝《かんしょう》へ出発の日です。

「師弟不二《ふに》」の王者の誇りに奮《ふる》い立つ日です。

ゆえに、「さあ、戦いはこれからだ！」と清新《せいしん》な決意でスタートする日なのです。

常に本因妙《ほんいんみょう》の精神〈注16〉に立つ日であり、そこに弟子の弟子たる本領《ほんりょう》があります。永遠に若々しく生きていける。永遠に成長していける。永遠に前進していけるのです。

私は一生涯《いっしょうがい》、戸田先生を師匠と仰《あお》ぎ、報恩《ほうおん》の誠《まこと》を尽《つ》くし、堂々《どうどう》と弟子の道を貫《つらぬ》く決心です。

師匠を持ち、弟子として生きるがゆえに、たゆまず成長し、前進できる。
師弟の道に生きる人生は、なんと幸福なことでしょうか。
さあ、世界広宣流布へ、新たな前進の時が来ました。
わが愛する青年たちよ、今こそ、勇《いさ》んで立ち上がれ！
わが親愛なる同志よ、地涌《じゆ》の底力《そこぢから》を奮《ふる》い起こせ！
本当の師弟の戦いは、いよいよ「これから」です。

注解

〈注1〉【浄顕房《じょうけんぼう》・義浄房《ぎじょうぼう》】ともに清澄寺《せいちょうじ》の住僧《じゅうそう》で、日蓮大聖人が幼少《ようしょう》の時に修学《しゅうがく》を支え大聖人が立宗《りっしゅう》された折《おり》にはその教えに従《したが》い弟子となり、地頭《じとう》・東条景信《とうじょうかげのぶ》の迫害《はくがい》から大聖人をお守りした。義浄房は義城房・義成房とも書かれる。

〈注2〉【東条景信《とうじょうかげのぶ》】生没年不明《せいぼつねん》。日蓮大聖人を立宗宣言《りっしゅう》の当初から迫害《はくがい》した安房国長狭郡東条郷《あわのくにながさぐんとうじょうごう》の地頭《じとう》。念仏《ねんぶつ》の強信者《ごうしんじゃ》であり、幕府《ばくふ》の要人《ようじん》だった北条重時《ほうじょうしげとき》らと結託《けったく》して、大聖人に種々の迫害を加えた。小松原《こまつばら》の法難《ほうなん》の後《のち》、ほどなく没《ぼっ》した。

〈注3〉【小松原《こまつばら》の法難《ほうなん》】文永元年《ぶんえいがんねん》（一二六四年）十一月十一日、日蓮大聖人が天津《あまつ》の工藤吉隆邸《くどうよしたかてい》に向かう途中、東条《とうじょう》の松原《まつばら》で、地頭《じとう》の東条景信《かげのぶ》の軍勢《ぐんぜい》に襲撃《しゅうげき》された法難。門下《もんか》が死亡し、大聖人御自身《ごじしん》も額《ひたい》に傷《きず》を負《お》い、左手を折られた。

〈注4〉四つの譬《たと》えのうち、最初の二つは、天台大師《てんだいだいし》の『法華文句《ほっけもんぐ》』巻三下の「根深きときは則《すなわ》ち条茂《えだしげ》く、源《みなもと》遠きときは則ち流れ長し」を、次は『摩訶止観《まかしかん》』巻五上の「薪《たきぎ》の火を熾《さか》んにし」の文を踏《ふ》まえられたものと考えられる。

〈注5〉【「藍《あい》より青し」】中国の思想家・荀子《じゅんし》の「青は之《こ》れを藍に取りて、しかも藍より青し」の言葉。藍は青色の染料《せんりょう》となる植物だが、その葉をしぼった染色液《せんしょくえき》は、鮮明《せんめい》な青色ではない。ところが、何度《なんど》も重ねて染《そ》めることによって、濃く色鮮《いろあざ》やかになる。門人《もんじん》の修養《しゅうよう》が師匠より進むことを譬《たと》えている。

〈注6〉【「猶多怨嫉《ゆたおんしつ》・況滅度後《きょうめつどご》」】法華経法師品《ほっしほん》第十に「如来《にょらい》の現《げん》に在《いま》すすら猶《な》お怨嫉多《おお》し。況《いわ》んや滅度の後《のち》をや」（法華経三六二㌻）とある。釈尊《しゃくそん》の在世《ざいせ》においてすら怨嫉（敵対《てきたい》・反発《はんぱつ》）が多いのだから、まして仏の滅後に法華経を弘《ひろ》める者はより多くの怨嫉を受け、大難《だいなん》に遭《あ》うのは当然であるとの意。

〈注7〉【「悪口罵詈《あっくめり》」】法華経勧持品《かんじほん》第十三の文に「諸《もろもろ》の無智《むち》の人の　悪口罵詈等し　及《およ》び刀杖《とうじょう》を加うる者有《あ》らん」（法華経四一八㌻）と説《と》かれている。

〈注8〉【順縁《じゅんえん》・逆縁《ぎゃくえん》】順縁は、教えを聞いて従順《じゅうじゅん》に信じて仏道《ぶつどう》に入ること。逆縁は、謗法《ほうぼう》などの行為《こうい》がかえって仏道への縁となること。

〈注9〉【『在在諸仏土《ざいざいしょぶつど》・常与師倶生《じょうよしぐしょう》』】「在在《いたるところ》の諸仏の土に　常に師と倶《とも》に生ず」（法華経三一七㌻）と読む。法華経化城喩品《けじょうゆほん》第七の文。大通智勝仏《だいつうちしょうぶつ》の十六人の王子のそれぞれによって化《け》導《どう》された衆生《しゅじょう》は、至《いた》るところの仏土に、常にそれぞれの師である王子とともに出生《しゅっしょう》するということ。

〈注10〉【地涌《じゆ》の菩薩《ぼさつ》】法華経従地涌出品《じゅうちゆじゅっぽん》第十五で、釈尊《しゃくそん》が滅後《めつご》における法華経弘通《ぐつう》を託《たく》すに当たり、他の弟子たちを退《しりぞ》けて、久遠《くおん》の昔から教化《きょうけ》してきた弟子である菩薩《ぼさつ》を呼び出した。大地の下から涌出《ゆじゅつ》してきたので地涌《じゆ》の菩薩という。その数は無量千万億《むりょうせんまんおく》とされ、それぞれが六万恒河沙《ごうがしゃ》（ガンジス川の砂の数の六万倍。無数の意）等の眷属《けんぞく》を率《ひき》いるリーダーであると説《と》かれる。

〈注11〉【本事《ほんじ》】過去世《かこせ》における行い。戸田第二代会長は不当な弾圧で投獄《とうごく》された際、獄中《ごくちゅう》で、過去世において地涌《じゆ》の菩薩《ぼさつ》として法華経の虚空会《こくうえ》に連《つら》なっていたとの悟達《ごだつ》を得た。

〈注12〉法華経方便品《ほうべんぼん》第二の「如我等無異《にょがとうむい》」（法華経一三〇ページ）の一節では、仏の根本の誓願《せいがん》が明かされている。仏自身と等《ひと》しい境地《きょうち》になるように、すべての衆生《しゅじょう》を導《みちび》くという誓い。

〈注13〉【貪瞋癡《とんじんち》の三毒《さんどく》】生命の最も根源的な煩悩《ぼんのう》である貪《むさぼ》り、瞋《いか》り、癡《おろか》のこと。

〈注14〉「内《うち》に菩薩《ぼさつ》の行《ぎょう》を秘し　外に是《こ》れ声聞《しょうもん》なりと現《げん》ず　少欲《しょうよく》にして生死《しょうじ》を厭《いと》えども　実には自《みずか》ら仏土《ぶつど》を浄《きよ》む　衆《しゅ》に三毒有《さんどくあ》りと示し　又《ま》た邪見《じゃけん》の相《そう》を現ず　我《わ》が弟子は是《かく》の如《ごと》く　方便《ほうべん》もて衆生《しゅじょう》を度《ど》す」（法華経三二〇ページ）。

〈注15〉【五濁悪世《ごじょくあくせ》】「五濁」とは、悪世の濁《にご》りの様相《ようそう》、生命の濁りの姿《すがた》を五種に分類したもの。法華経方便品《ほうべんぼん》第二にある（法華経一二四ページ）。劫濁《こうじょく》（時代の濁り）、煩悩濁《ぼんのうじょく》（煩悩による濁り）、衆生濁《しゅじょうじょく》（人々の濁り）、見濁《けんじょく》（思想の濁り）、命濁《みょうじょく》（短命《たんめい》など寿命《じゅみょう》に関する濁り）をいう。

〈注16〉【本因妙《ほんいんみょう》の精神】日蓮大聖人の仏法は、成仏《じょうぶつ》の根本法、生命の根源の法である本因妙の南無妙法蓮華経を直《ただ》ちに説《と》き明かされた仏法である。この仏法の実践にあっては、常に、その根本・根源の法に立ち返り、それに基《もと》づいて、今ここから万事《ばんじ》に臨《のぞ》み打開《だかい》していく姿勢《しせい》が重要となる。

四《し》条《じょう》金《きん》吾《ご》殿《どの》御《ご》返《へん》事《じ》

（石《せっ》虎《こ》将《しょう》軍《ぐん》御書）

生命を鍛《きた》え抜き、わが人間革命の大道《だいどう》を！

五十五年前（一九五七年）の六月から七月にかけて、私は北海道へ、また関西へと、激しい転戦《てんせん》の日々にありました。

当時、泣く子も黙《だま》ると言われ、大変な勢力《せいりょく》を誇った夕張炭労《ゆうばりたんろう》（炭鉱労働組合《たんこうろうどうくみあい》）が、学会員の信教の自由を抑圧《よくあつ》する人権侵害《しんがい》の暴挙《ぼうきょ》に出たことから、私は電光《でんこう》石火《せっか》、北海道の天地《てんち》に飛びました。そして、わが同志を守り、正義と真実を明らかにするために、先頭に立って戦いました（夕張炭労事件）。

さらに、この直後の七月三日、大阪へ向かった私は、事実無根《じじつむこん》の選挙違反《いはん》の容疑《ようぎ》で大阪府警《ふけい》に不当逮捕《ふとうたいほ》されたのです（大阪事件）。

この連続した二つの事件——陰険《いんけん》なる権力の魔性《ましょう》との攻防戦につながる戦いは、すでに春から始まっていました。当時、私が生命に刻み、日記にも記《しる》したのが、石虎将軍《せっこしょうぐん》の故事《こじ》に由来《ゆらい》する、日蓮大聖人の〝石に矢の立つ例《ためし》あり〟との御指南《ごしなん》であります。

それは、「不可能を可能にする」絶対勝利の信心で戦う決意であるとともに、わが生命に築《きず》いた不撓不屈《ふとうふくつ》の魂《たましい》で、あらゆる障魔《しょうま》の嵐に立ち向かう覚悟《かくご》からでした。

七月三日、北海道から大阪へ向かう途次《とじ》、羽田空港で短い待ち時間がありました。

この時、恩師・戸田城聖先生から手渡されたのが、先生が「妙悟空《みょうごくう》」のペンネームで聖教新聞に執筆《しっぴつ》され、単行本《たんこうぼん》として完成したばかりの著書《ちょしょ》『人間革命』でした。

思えば、不思議《ふしぎ》でした。権力の魔性《ましょう》との戦いに突入《とつにゅう》する弟子の手にあったのは、師が獄中《ごくちゅう》で地涌《じゆ》の菩薩《ぼさつ》〈注1〉の使命を自覚される体験を綴《つづ》られた『人間革命』だったのです。

「絶対の確信」に立つこと

妙法の広宣流布の大闘争に臨《のぞ》んでは、いかなる苦難の嵐が吹き荒《あ》れても、断じて負けない鍛《きた》え抜かれた心を持っているのが、地涌《じゆ》の菩薩《ぼさつ》です。臆病《おくびょう》や恐れを打ち破《やぶ》って、どこまでも前進し続けていく——その強靱《きょうじん》な生命の脈動《みゃくどう》に人間革命があります。

戸田先生は、人間革命とは私たちが「人生の根幹の目的」を知り、「絶対の確信」に立つことであると教えられています。そしてまた、三毒《さんどく》〈注2〉の生命から仏界《ぶっかい》・菩薩界《ぼさつかい》の生命へ、自身の生命を変革することであるとも教えられました。あらゆる魔性《ましょう》を破《やぶ》り、人間の尊厳《そんげん》なる根源の力《ちから》を呼びさましていく、確固《かっこ》たる自分自身を築《きず》きあげていくことです。

ゆえに、日々、人間革命に挑戦する人は、常に行き詰《づ》まりを打破《だは》する力《ちから》を自《みずか》らの内《うち》から現し出《いだ》すことができるのです。

誰もが不可能と思うような、分厚《ぶあつ》い壁《かべ》を前にしても、怯《ひる》まず、焦《あせ》らず、恐れず、そして逃げることなく、自身の最高最大の勇気と智慧《ちえ》の底力《そこぢから》を引き出していけるのです。

その「人間革命」の信心を、「四条金吾殿御返事《しじょうきんごどのごへんじ》」を拝《はい》して学んでいきましょう。

自《みずか》ら苦境の中で師匠を厳護《げんご》

今回、学ぶ御書は、弘安元年《こうあんがんねん》（一二七八年）の閏《うるう》十月二十二日、日蓮大聖人が身延《みのぶ》から鎌倉《かまくら》の四条金吾《しじょうきんご》に送られた御消息《ごしょうそく》です。

背景として、二つの点を確認しておきます。

第一は、前年から疫病《えきびょう》が流行《りゅうこう》し、旱魃《かんばつ》もあって、食料事情が厳しい状況であったこと。さらに大聖人御自身《ごじしん》も前年末から体調を崩《くず》されていたことです。つまり身延《みのぶ》の山中《さんちゅう》での大聖人の暮らしは、衣食と健康の両面で大変な困難に直面されていたといえます。

第二は、四条金吾《しじょうきんご》の身辺《しんぺん》に起こった劇的《げきてき》な変化です。金吾は前年、桑ケ谷問答《くわがやつもんどう》〈注3〉をめぐる極楽寺良観《ごくらくじりょうかん》の陰謀《いんぼう》に巻《ま》き込まれ、金吾を陥《おとし》いれようとする同僚《どうりょう》の讒言《ざんげん》によって、主君《しゅくん》・江間氏《えまし》の怒《いか》りを買い、家臣《かしん》の地位を失《うしな》うかもしれない最大の苦境に立たされました。

しかし、大聖人の御指導通りに主君《しゅくん》に誠意《せいい》を尽《つ》くす中で、主君との関係は好転《こうてん》し、新たに三カ所の所領《しょりょう》を与えられています〈注4〉。

ただし半面《はんめん》、敵愾心《てきがいしん》を燃やす同僚《どうりょう》らの嫉妬《しっと》の炎《ほのお》に油《あぶら》を注《そそ》ぐ結果となり、それまで以上に、身の危険に取り巻《ま》かれる状況であったのです。

そのような中、身延《みのぶ》の大聖人のもとへ、鎌倉《かまくら》の四条金吾《しじょうきんご》から来信《らいしん》がありました。そこには、信濃国《しなののくに》（長野県）にある金吾の所領《しょりょう》から届けられる御供養《ごくよう》の品々《しなじな》が記《しる》されていました。本抄は、直接的《ちょくせつてき》には、この金吾の真心の手紙に対する御《ご》返事《へんじ》で、冒頭には、受領《じゅりょう》された目録《もくろく》から銭《ぜに》や米俵《こめだわら》、餅《もち》、酒、串柿《くしがき》、柘榴《ざくろ》などの品々を挙《あ》げられています。

金吾《きんご》の御供養《ごくよう》は、それだけではありませんでした。別に、小袖《こそで》や薬もお届けしていたようです。続く御文には、衣《ころも》が寒さを防ぎ、食が身命《しんみょう》を助けることに言及《げんきゅう》され、大切な「命《いのち》」を支える飲食物や衣服、医薬に勝《まさ》る「人の宝」はないと仰《おお》せです。

大聖人に飲食を供養《くよう》し、さらに衣《ころも》や薬を施《ほどこ》した四条金吾《しじょうきんご》への感謝の思いを伝えられているのです。

このように、門下《もんか》に対して、常に「ありがとう」「あなたのおかげです」と語りかけ、一人ひとりを大切に敬《うやま》い、共《とも》に広宣流布へ歩《あゆ》んでいく。それが、大聖人のお心です。真心には真心で応える「人の振る舞い」こそ、人間主義の日蓮仏法の実践であると拝《はい》せます。

御文

（御書一一八五ページ六行目〜十一行目）

而《しか》るに日蓮は他人にことなる上・山林《さんりん》の栖《すみか》・就中《なかんずく》今年は疫《えき》癘《れい》飢《け》渇《かち》に春夏は過越《すご》し秋冬は又前《またさき》にも過ぎたり、又身に当《あた》りて所労《しょろう》大事になりて候《そうらい》つるをかたがたの御薬《おんくすり》と申《もう》し小袖《こそで》・彼《か》のしなじなの御治法《ごじほう》にやうやう験《しる》し候て今所労平愈《へいゆ》し本《もと》よりも・いさぎよくなりて候《そうろう》、弥勒菩薩《みろくぼさつ》の瑜伽論《ゆがろん》・竜樹《りゅうじゅ》菩薩の大《だい》論《ろん》を見候《みそうら》へば定業《じょうごう》の者は薬変《へん》じて毒《どく》となる法華経は毒変じて薬となると見えて候《そうろう》、日蓮不肖《ふしょう》の身に法華経を弘《ひろ》めんとし候《そうら》へば天魔《てんま》競《きそ》ひて食《じき》をうばはんとするかと思いて歎《なげ》かず候いつるに今度《こんど》の命《いのち》たすかり候《そうろう》は偏《ひとえ》に釈迦仏《しゃかぶつ》の貴辺《きへん》の身に入《い》り替《かわ》らせ給《たま》いて御《おん》たすけ候か。

現代語訳

しかも日蓮は他の人とは異《こと》なり（鎌倉幕府《かまくらばくふ》から危険視され）、さらに山《さん》林《りん》に住む身である。なかでも今年はことさら春から夏にかけて疫病《えきびょう》や飢饉《ききん》、旱魃《かんばつ》が襲《おそ》い、秋となり冬となって一段《いちだん》と深刻《しんこく》になっている。また、わが身においては病気が重くなっていたところへ、さまざまな薬といい、体を温める小袖《こそで》などのいろいろな治療の方法で、ようやく効き目が現れ、今では病気も平癒《へいゆ》し、以前よりも元気になりました。

弥勒菩薩《みろくぼさつ》の瑜伽論《ゆがろん》や竜樹菩薩《りゅうじゅぼさつ》の大論《だいろん》（『大智度論《だいちどろん》』）を見ると、定業《じょうごう》の者にとっては薬も変《へん》じて毒《どく》となるが、法華経は毒も変じて薬となるとあります。

日蓮は不肖《ふしょう》の身で法華経を弘《ひろ》めようとしているので、天魔《てんま》が競《きそ》って食《しょく》を奪《うば》おうとしているのかと思って、嘆《なげ》かずにいたところ、このたび、命《いのち》が助かったことは、ひとえに釈迦仏《しゃかぶつ》が、あなたの身に入り替《いか》わって日蓮をお助けくださったのでありましょうか。

悠然《ゆうぜん》と三障四魔《さんしょうしま》を乗り越える

ここで大聖人は、四条金吾《しじょうきんご》に対して、〝釈迦仏《しゃかぶつ》があなたの身に入って、私の命《いのち》を助けてくださった〟とまで仰《おお》せです。

ここまで述べられている背景として、広宣流布には常に、仏と魔軍《まぐん》との熾烈《しれつ》な戦いが存在していることを知らなければなりません。

長年にわたる広宣流布の大闘争、なかんずく、二年半に及《およ》ぶ佐渡流罪《さどるざい》と身延《みのぶ》の山中《さんちゅう》での過酷《かこく》な暮らしで、お体を痛められたのでしょう。前年の暮れに激しい下痢《げり》を伴《ともな》う疾患《しっかん》が現れます。特に夏の六月初旬に悪化《あっか》しましたが、その時、四条金吾《しじょうきんご》から届けられた良薬《りょうやく》によって、大聖人の容体《ようだい》は好転《こうてん》しました。「日日《ひび》月月《つきづき》に減《げん》じて今百分《ひゃくぶん》の一となれり」（御書一一七九ページ）と四条金吾に伝えるまでに回復されたのです〈注5〉。

この数カ月後、大聖人が本抄を認《したた》められる直前に、四条金吾《しじょうきんご》は身延《みのぶ》をお訪《たず》ねしています。おそらく自《みずか》らの所領《しょりょう》の加増《かぞう》の件などを報告するとともに、本格的な冬の到来《とうらい》を前に、師匠の容体《ようだい》を心配してのことであろうと推察《すいさつ》されます。

そうした四条金吾《しじょうきんご》の懸命《けんめい》な看病《かんびょう》に対して、本抄では、「今、病気も平癒《へいゆ》して、以前よりも元気になりましたよ」と、重ねて感謝されています。

まさに大聖人は、ありのままの凡夫《ぼんぷ》の姿《すがた》で、病気と向き合いながら、生命を尽《つ》くして弟子たちを励まされていきます。そして、お元気になった御自身《ごじしん》の体験を通して、「定業《じょうごう》」〈注6〉さえも延ばす法華経の「変毒為薬《へんどくいやく》」〈注7〉の大功《だいく》力《りき》を示されています。

さらに大聖人は、御自分《ごじぶん》の病気は、実は天魔《てんま》との戦いであったことを明かされます。法華経の行者《ぎょうじゃ》として法華弘通《ほっけぐつう》の大闘争を起こされたがゆえに、天魔が競《きそ》って食《しょく》を奪《うば》い、命《いのち》を失《うしな》わせようとしたのだと喝破《かっぱ》されたのです。

戦っているからこそ三障四魔《さんしょうしま》〈注8〉が競《きそ》い起こった。それは経文の通りです。そして〝法華弘通《ほっけぐつう》の心〟が堅固《けんご》なるゆえに、これも経文通り、仏天《ぶってん》の加護《かご》も絶対に間違いない。そう捉《とら》え、「歎《なげ》かず候《そうら》いつる」と、悠然《ゆうぜん》と立ち向かっていく姿勢《しせい》を教えられています。

魔軍《まぐん》と仏の軍勢《ぐんぜい》との戦い

後年《こうねん》、この天魔《てんま》が起こした病《やまい》に立ち向かう信心を南条時光《なんじょうときみつ》にも指導されます。「法華証明抄《ほっけしょうみょうしょう》」の一節です。

「すでに仏になるべしと見へ候《そうら》へば・天魔《てんま》・外道《げどう》が病《やまい》をつけてをどさん《威》と心

み候《そうろう》か、命《いのち》はかぎりある事《こと》なり・すこしも・をどろく事なかれ」（御書一五八七ページ）

〝少しも驚くことなかれ〟です。広宣流布のために戦ったがゆえに、成仏《じょうぶつ》を阻《はば》もうと天魔《てんま》が病《やまい》を起こした。だからこそ断じて負けてはならないと、愛弟子《まなでし》に厳命《げんめい》されているのです。

一方で、青年・時光《ときみつ》を襲《おそ》う鬼神《きじん》に対しては、「又《また》鬼神めら《奴》め此《こ》の人をなやますは剣《つるぎ》をさかさま《逆》に・のむか又大火《たいか》をいだくか、三世十方《さんぜじっぽう》の仏の大怨敵《だいおんてき》となるか」（御書一五八七ページ）と、激しく呵責《かしゃく》を加えられています。

生老病死《しょうろうびょうし》は誰人《たれびと》も免《まぬか》れることはできません。これぱかりは、避《さ》けられない。どんなに信心していようが、「病《やまい》」も「死」も必ず訪《おとず》れます。しかし、「病」を「本有《ほんぬ》の病」と捉《とら》えて、病魔《びょうま》に立ち向かえるかどうかは、その人の信心です。

大聖人は、泰然自若《たいぜんじじゃく》として振る舞い、三障四魔《さんしょうしま》を乗り越え、勝利されたお姿《すがた》を、門下《もんか》に厳然《げんぜん》と示してくださいました。

戸田先生も、ご自身の闘病《とうびょう》を「わが身に課《か》せられた病魔《びょうま》、死魔《しま》は、御本尊によってこれを打ち破《やぶ》ることができた」と明言《めいげん》されていました。これが「いかなる病《やまい》さは《障》りをなすべきや」（御書一一二四㌻）との師子王《ししおう》の境涯《きょうがい》です。広宣流布は、大宇宙に瀰漫《びまん》する魔軍《まぐん》と、仏の軍勢《ぐんぜい》との戦いです。病魔《びょうま》、死魔《しま》を厳然《げんぜん》と打ち破《やぶ》るための信心です。

それゆえに、法華経の行者《ぎょうじゃ》をお守りした四条金吾《しじょうきんご》の看病《かんびょう》を、「釈迦仏《しゃかぶつ》」の働きであると仰《おお》せられ、必ず障魔《しょうま》に勝つ原理を教えられていると拝《はい》されます。

御文

（御書一一八五ページ十二行目〜一一八六ページ二行目）

是《これ》はさてをきぬ、今度の御返《おんかえ》りは神《たましい》を失《うしな》いて歎《なげ》き候《そうら》いつるに事故《ことゆえ》なく鎌倉《かまくら》に御帰《おんかえ》り候《そうろう》事悦《よろこ》びいくそばくぞ、余《あま》りの覚束《おぼつか》なさに鎌倉より来《きた》る者ごとに問い候《そうら》いつれば或人《あるひと》は湯本《ゆもと》にて行き合《あわ》せ給《たま》うと云《い》い或人はこうづ《国府津》にと或人は鎌倉にと申《もう》し候いしにこそ心落居《おちい》て候へ、是より後《のち》はおぼろげならずば御渡《おんわた》りあるべからず大事の御事《おんこと》候《そうら》はば御使《おんつかい》にて承《うけたま》わり候《そうろう》べし、返《かえ》す返《がえ》す今度の道は・あまりに・おぼつかなく候《そうら》いつるなり、敵《かたき》と申《もう》す者はわすれ《忘》させてねらふ《狙》ものなり、是より後に若《も》しやの御旅《おんたび》には御馬《おんうま》をおしましませ給ふべからず、よき馬にのら

せ給《たま》へ、又供《またとも》の者ども・せん《詮》にあひぬべからんもの又どう《胴》まろ《丸》もちあげぬべからん・御馬《おんうま》にのり給うべし

現代語訳

このことはひとまずおく。

今度のあなたのお帰りの道中《どうちゅう》のことは、平静《へいせい》でいられぬほど心配でならなかったが、無事に鎌倉《かまくら》に帰り着かれたと聞いて、どんなに喜んだことであろう。実はあまりに心配であったので、鎌倉から来る人ごとに尋《たず》ねたところ、ある人は湯本《ゆもと》にて行き会ったと言い、ある人は国《こ》府津《うづ》にて、またある人は鎌倉にて出会ったと言いましたので、ようやく安心したものです。

これから後は、よくよくのことでなければ、身延《みのぶ》にはお越しにならないほうがよい。大事なことがあった時は、寄越《よこ》されたお使いによって伺《うかが》いましょう。返《かえ》す返《がえ》すも、今度の帰り道はあまりにも心配でした。

およそ敵《てき》というものは、（その存在を）忘れさせて狙《ねら》うものである。今後もしも旅に出られる際《さい》は、馬を惜《お》しんではなりません。良い馬にお乗りなさい。また、お供《とも》の者には万一《まんいち》の場合に備《そな》えて役《やく》に立つ者を連《つ》れ、甲冑《かっちゅう》を着けて乗っても大丈夫な馬にお乗りなさい。

金吾《きんご》の帰還《きかん》を心配される

さて、このお手紙の中で、大聖人は、四条金吾《しじょうきんご》に対して、〝先日、身延《みのぶ》から鎌倉《かまくら》に帰っていく、あなたの道中《どうちゅう》の安否《あんぴ》を大変に心配しましたよ〟と明かされています。

当時、身延《みのぶ》と鎌倉《かまくら》の道のりは、馬を駆《か》っても二日ないし三日の行程《こうてい》でした。幾日《いくにち》もの間《あいだ》、大聖人は、魂《たましい》を失《うしな》うほど気がかりであられたようです。そこで、鎌倉方面から誰かが身延に到着《とうちゃく》するたびに、途中で四条金吾《しじょうきんご》に会わなかったかと尋《たず》ねられました。

そして「箱根湯本《はこねゆもと》で行き会いました」「国府津《こうづ》（神奈川県小田原市内《おだわらしない》）で会いました」との話で金吾《きんご》の足取《あしど》りがわかり、さらに「鎌倉《かまくら》でお会いしました」という人の報告によって、金吾が無事に帰着《きちゃく》した確証《かくしょう》を得て、ようやく安堵《あんど》の笑みを浮かべられたのです。

なんと、ありがたい師匠ではありませんか。しかも大聖人の心配りは、それで終わりません。今後は、よほどの重大事でなければ、あなたがわざわざ身延《みのぶ》まで来《こ》られるには及《およ》ばない、用件は使いを寄越《よこ》してもらえばよいとまで言われています。

なぜ、ここまで心配されるのか。

身延《みのぶ》からの帰途《きと》は、まず富士川《ふじかわ》に沿《そ》って下《くだ》ったあと、駿河国《するがのくに》（静岡県中央部）を東へ向かい、箱根《はこね》の山越《やまご》えになります。駿河国には北条得宗家《ほうじょうとくそうけ》〈注9〉の所《しょ》領《りょう》があり、大聖人の一門《いちもん》に対し、厳しい目を向ける勢力《せいりょく》が多かった。

そのうえ、山中《さんちゅう》を通過《つうか》する際《さい》の危険も多々《たた》あります。「無事に」と願わずにいられない現実でした。

確かに、主君《しゅくん》の態度《たいど》は大きく変わったといっても、四条金吾《しじょうきんご》に嫉妬《しっと》し、怨《うら》み、讒言《ざんげん》をしたような人間たちが、〝隙《すき》あらば〟と命《いのち》を狙《ねら》っている、瞬時の油断《ゆだん》もならない状況は、いまだ変わっていませんでした。

特に、行きに比べて、大切な仕事を終えた後の帰りというものは、ホッとして、誰しも心が緩《ゆる》みがちになるものです。自分が感じている以上に、体も疲れている。そこへ突然、敵《てき》が襲《おそ》いかかってきたら、どうでしょうか。四条金吾《しじょうきんご》のような剣術に秀《ひい》でた剛《ごう》の者であっても、はたして勝ちきれるかどうか、誰もわかりません。

油断《ゆだん》を排《はい》して、勝利の人生を

「敵《かたき》と申《もう》す者はわす《忘》れさせてねらふ《狙》ものなり」とは、大聖人門下《もんか》として、重々《じゅうじゅう》、心すべき誡《いまし》めです。荒《あ》れ狂《くる》う激流《げきりゅう》を勝ち越えて、大事をなすには、細心《さいしん》の注意力、警戒心《けいかいしん》を持たねばなりません。

私たちも会合の終了後、参加者の皆様方に、「交通事故に気をつけてください。家に無事に着くまでが学会活動です」と呼びかけます。強く意識することで、魔《ま》を防《ふせ》ぐことができるからです。

大聖人はさらに四条金吾《しじょうきんご》に対して、乗る馬についてまで注意されます。今でいえば、車やバイク、自転車をはじめ、さまざまな交通手段です。いや、徒歩を含め、外で動いて活動する以上は、常に油断禁物《ゆだんきんもつ》といえます。

広宣流布のための尊《とうと》い使命ある皆様方は、「これぐらい大丈夫」との油断《ゆだん》を排《はい》し、危険や事故の兆候《ちょうこう》を見逃《みのが》さず、絶対無事故で、万事《ばんじ》に勝利していっていただきたいのです。

もし万《まん》が一《いち》、事故に遭《あ》われた方がいれば、真心の励ましをお願いしたい。信心を奮《ふる》い起こせば、全部、転重軽受《てんじゅうきょうじゅ》〈注10〉となります。必ず変毒為薬《へんどくいやく》できます。しかし、無事故が一番です。私は、皆様の無事安穏《あんのん》をいつも妻と共《とも》に真剣に祈っています。大切な仏子《ぶっし》の皆様方です。それゆえに互《たが》いに注意し合い、絶対に魔《ま》を寄せ付けない決心で生き抜いていただきたい。

大聖人は仰《おお》せです。「月月《つきづき》・日日《ひび》につよ《強》り給《たま》へ・すこしもたゆ《撓》む心あらば魔《ま》たよりをうべし」（御書一一九〇ページ）と。

この永遠の御聖訓《ごせいくん》の通りに、常に信心を怠《おこた》らず、魔《ま》を打ち破《やぶ》り、〝一人ももれなく大勝利の人生たれ〟と願っています。

御文

（御書一一八六ページ二行目～四行目）

摩訶止観《まかしかん》第八に云《いわ》く弘決《ぐけつ》第八に云く「必ず心の固《かた》きに仮《よ》って神《かみ》の守り則《すなわ》ち強し」云云《うんぬん》、神の護《まも》ると申《もう》すも人の心つよきによるとみえて候《そうろう》、法華経はよきつるぎ《剣》なれども・つかう人によりて物をきり候か。

現代語訳

天台大師《てんだいだいし》の『摩訶止観《まかしかん》』の第八巻、それを注釈《ちゅうしゃく》した妙楽《みょうらく》大師の『弘決《ぐけつ》』第八巻に、「必ず心が堅固《けんご》であってこそ神《かみ》の守りも強い」と言われている。これは、神の守護《しゅご》と言っても、結局は人の心が強いことによるという意味である。法華経は良い剣《つるぎ》であるが、その力《ちから》が発揮されるかどうかは、使う人によるのである。

「心が堅固《けんご》」であることが大事

末法《まっぽう》に法華経を持《たも》ち弘《ひろ》める「法華経の行者《ぎょうじゃ》」を、諸天善神《しょてんぜんじん》は必ず守護《しゅご》します。仏《ぶつ》・菩薩《ぼさつ》は讃《たた》え、日天月天《にってんがってん》が前後を照らします。

しかし、諸天《しょてん》等を動かすのは、どこまでも、その人の信心です。最善《さいぜん》の努力と真剣な一念《いちねん》があってこそ、祈りが結実するのです。

妙楽大師《みょうらくだいし》の「必ず心の固《かた》きに仮《よ》つて神《かみ》の守り則《すなわ》ち強し」との言葉は、まさにそのことを教えています。どこまでも、心が「堅固《けんご》」であり、心が「強靱《きょうじん》」であることが勝利の源泉《げんせん》です。法華経という利剣《りけん》は、使う人の信心によって、その力《ちから》が発揮されるからです。

大聖人は四条金吾《しじょうきんご》に対して、一貫《いっかん》して「賢人《けんじん》」としての振る舞い、生き方を教えられています。どこまでも金吾の大成《たいせい》を願い、生活における用心《ようじん》、主君《しゅくん》への姿勢《しせい》、周囲の人との接し方など、細々《こまごま》と御指導されています。

一面から言えば、信仰者の生き方とは、「負けない人生」を築《きず》くことです。相対的な「勝ち負け」の奥にある、絶対的な勝利の生命を築くための信心です。日々、地道に精進《しょうじん》して、着実に力《ちから》を蓄《たくわ》えることで、宿命《しゅくめい》の嵐や三障四魔《さんしょうしま》が競《きそ》い起こった時に、全力で困難に立ち向かう確信を培《つちか》うことができるのです。「心の財《たから》」とは、積み上げるものです。日々生命を磨《みが》き、心を鍛《きた》え上げていく。その一歩一歩によって、何があろうと揺《ゆ》るがない衆生所遊楽《しゅじょうしょゆうらく》の大境涯《だいきょうがい》が築《きず》かれていくのです。

信仰とは絶《た》えざる人間革命の中にあります。一個の人間としての完成を目指す仏道修行《ぶつどうしゅぎょう》です。それゆえに、大聖人は愛弟子《まなでし》である四条金吾《しじょうきんご》に、門下《もんか》の模範《もはん》として、「妙法の賢人《けんじん》」として生き抜いていくように、そして、常に現実の課題に向かって信仰を根本に解決していくように御指導されているのです。

本抄では、四条金吾《しじょうきんご》のこれからの無事安穏《あんのん》のためにも、さまざまな御注意とともに、根幹は信心を強くし、心を鍛《きた》え抜くことであると教えられています。まさに「人の心つよきによるとみえて候《そうろう》」です。

「心こそ大切」の生き方を

「心こそ大切」です。その心が強いかどうか、堅固《けんご》であるかどうかが、人生の勝敗を決するといっても過言《かごん》ではありません。

「強い心」の持ち主《ぬし》として、私は、かつて対談した世界的なシンクタンク「ローマクラブ」〈注11〉の創立者《そうりつしゃ》ペッチェイ博士〈注12〉を思い出します。温《おん》厚《こう》な笑みの奥に、鋼鉄のごとき信念をお持ちでした。

イタリアのレジスタンス（抵抗運動《ていこううんどう》）の闘士であった博士は、第二次世界大戦中の一九四四年二月、ファシストに逮捕され、ほぼ一年間、投獄《とうごく》されました。

牧口先生、戸田先生の獄中《ごくちゅう》闘争と同じ時期です。博士は非道《ひどう》な拷問《ごうもん》をも耐《た》え抜かれました。

その獄中《ごくちゅう》で、博士は、人間の弱さ、強さの両面を痛感したといいます。すなわち、いつも偉そうに威張《いば》っていながら、弾圧を受けるや簡単に変節《へんせつ》した臆病《おくびょう》な人間がいた。一方、日ごろは目立たなくとも、苦難を耐《た》え抜き同志を裏切らなかった勇者もいた——と。

「この時期の経験から私は、人間の中には善《ぜん》を求める偉大な力《ちから》が潜《ひそ》んでいることを確信するようになった」（A・ペッチェイ『人類の使命』大来佐武郎監訳、ダイヤモンド社）

仏法に通ずる言葉です。私たちの胸中《きょうちゅう》には、いかなる圧迫にも迫害《はくがい》にも負けない「善《ぜん》を求める偉大な力《ちから》」がある。その不撓不屈《ふとうふくつ》の「強い心」は苦難に直面してこそ初めて現れるともいえます。「艱難汝《かんなんなんじ》を玉《たま》にす」です。

思えば、ペッチェイ博士が晩年に到達《とうたつ》された結論こそ、「人間革命」の思想でした。

博士は叫ばれました。

「これからは人間の行動の決定に、すべてが依存《いそん》する。人間の個人的運命と集団的運命そして人類全体の運命を決定するのは、意識的にせよあるいは気づかぬままにせよ、人間自身である」「私は人間を信じているし、人間革命を信じている」（A・ペッチェイ『人類の使命』大来佐武郎監訳、ダイヤモンド社）

御文

（御書一一八六ページ五行目～十行目）

されば末法《まっぽう》に此《こ》の経を・ひろめん人人《ひとびと》・舎利弗《しゃりほつ》と迦葉《かしょう》と観《かん》音《のん》と妙音《みょうおん》と文殊《もんじゅ》と薬王《やくおう》と此等程《これらほど》の人やは候《そうろう》べき、二乗《にじょう》は見思《けんじ》を断じて六道《ろくどう》を出《い》でて候・菩薩《ぼさつ》は四十一品《ぽん》の無明《むみょう》を断じて十《じゅう》四夜《しや》の月の如《ごと》し、然《しか》れども此等の人人には・ゆづり給《たま》はずして地涌《じゆ》の菩薩に譲《ゆず》り給へり、されば能《よ》く能く心をきた《鍛》はせ給うにや、李広将軍《りこうしょうぐん》と申《もう》せし・つはものは虎に母を食《くわ》れて虎に似たる石を射《い》しかば其《そ》の矢羽《やは》ぶくらまでせめぬ、後《のち》に石と見ては立つ事《こと》なし、後には石虎《せっこ》将軍と申《もう》しき、貴辺《きへん》も又《また》かくのごとく敵《かたき》は・ねらふらめども法華経の御信心強盛《ごしんじんごうじょう》なれば大難《だいなん》も・かねて消え候か、是《これ》につけても能く能く御信心あるべし、委《くわし》く紙には尽《つく》しがたし、恐恐謹言《きょうきょうきんげん》。

現代語訳

それゆえに、末法《まっぽう》にこの法華経を弘《ひろ》める人々としては、舎利弗《しゃりほつ》と迦《か》葉《しょう》と観音《かんのん》と妙音《みょうおん》と文殊《もんじゅ》と薬王《やくおう》と、これらの方々ほど適任《てきにん》の人がいるでしょうか。（舎利弗と迦葉の）二乗《にじょう》は見思惑《けんじわく》を断じて六道《ろくどう》を超え出ています。（観音などの）菩薩《ぼさつ》は四十一品《ぽん》の無明惑《むみょうわく》を断じて、十四夜《じゅうしや》の月のようなものである。

しかしながら、仏はこれらの人々には、法華弘通《ほっけぐつう》の使命を譲《ゆず》られないで、地涌《じゆ》の菩薩《ぼさつ》に譲られたのである。そうしてみると、これらの地涌の菩薩はよくよく心を鍛《きた》えられた菩薩なのであろう。

昔、中国の李広将軍《りこうしょうぐん》は、虎に母を食い殺されて、虎に似た石を（親の仇《かたき》と思って）射《い》ると、その矢は羽《は》ぶくらまでも突き刺さった。しかし、それが石と知ってからは、射ても矢は立たなかったということである。このことから後世《こうせい》には石虎《せっこ》将軍と呼ぶようになった。

あなたもこの故事《こじ》と同様である。敵《てき》は狙《ねら》っているであろうが、法華経への信心が強盛《ごうじょう》であるので、大難《だいなん》も、事《こと》が起きる前に消えたのでありましょうか。

これにつけても、よくよく強盛《ごうじょう》な信心を起こしていきなさい。詳《くわ》しくは手紙に書き尽くすことはできません。恐恐謹言《きょうきょうきんげん》。

鍛《きた》え抜かれた地涌《じゆ》の菩薩《ぼさつ》への付嘱《ふぞく》

大聖人は、ここで「末法《まっぽう》に法華経を弘通《ぐつう》する使命を託《たく》された人々は誰か」を

尋《たず》ねられます。「人々」との仰《おお》せからも、四条金吾《しじょうきんご》自身も含んでくださってい

ると拝《はい》されます。

舎利弗《しゃりほつ》、迦葉《かしょう》は、釈尊《しゃくそん》の直弟子《じきでし》である二乗《にじょう》の代表です。観世音菩薩《かんぜおんぼさつ》、妙音菩《みょうおん》薩、文殊菩薩《もんじゅ》、薬王菩薩《やくおう》は、法華経の会座《えざ》に集《つど》う諸菩薩です。いずれも錚々《そうそう》たる顔触《かおぶ》れです。

しかし、末法弘通《まっぽうぐつう》の難事《なんじ》を託《たく》されたのは、これらの二乗《にじょう》、菩薩《ぼさつ》ではなくして、「地涌《じゆ》の菩薩」でありました。

大聖人は、大難必定《だいなんひつじょう》の末法流布《まっぽうるふ》を託《たく》された地涌《じゆ》の菩薩《ぼさつ》とは、「よくよく心を鍛《きた》えられた菩薩なのであろう」と言われています。

大聖人が繰り返し、身に当てて読まれた通り、法華経には「如来現在猶多怨《にょらいげんざいゆたおん》嫉《しつ》。況滅度後《きょうめつどご》」〈注13〉と説《と》かれ、末法《まっぽう》広宣流布の実践に迫害《はくがい》は不可避《ふかひ》でした。

その難事中《なんじちゅう》の難事を敢行《かんこう》するための条件は何か。それが「心の鍛《きた》え」であります。

日本語の「きたえる」は、もともと熱した金属を繰り返し打つなどして良質《りょうしつ》のものにする意味です。

まさに、四条金吾《しじょうきんご》に宛《あ》てた他の御書で「きたはぬ《鍛》・かね《金》は・さかんなる火に入《い》るればとく《疾》とけ《蕩》候《そうろう》、（中略）剣《つるぎ》なんどは大火《たいか》に入るれども暫《しば》くはとけず是《これ》きたへる故《ゆえ》なり」（御書一一六九ページ）と仰《おお》せられている通りです。

深き「一念《いちねん》」が、不可能を可能に

最後に大聖人は、鎌倉武士《かまくらぶし》である四条金吾《しじょうきんご》に、中国・前漢《ぜんかん》時代の名将《めいしょう》・李広《りこう》〈注14〉が「石虎将軍《せっこしょうぐん》」と呼ばれるに至《いた》った故事《こじ》を引いて激励されています。

——弓矢の名手として名高い李広将軍《りこうしょうぐん》は、一頭の虎に母親を殺された。ある日、その虎が草むらにうずくまっているのを見つけた。そこで「これこそ親の仇《かたき》の虎だ」と、仇討《あだう》ちの一念《いちねん》に燃えて矢を射《い》たところ、見事に命中《めいちゅう》した。「遂《つい》に仕留《しと》めた」と駆《か》け寄ってみると、なんと虎ではなく、形のよく似た石であった。しかし、矢はその硬い石を貫《つらぬ》いて羽《はね》まで突き刺さっていた。その後、矢を射ても石に刺さることはなかったという。

この故事《こじ》を通して、大聖人は四条金吾《しじょうきんご》に金剛不壊《こんごうふえ》の強盛《ごうじょう》な信心に立つことを教えられ、その堅固《けんご》な信心があればこそ、必ず諸天善神《しょてんぜんじん》の守護《しゅご》もあると御指南《ごしなん》なさっています。

「敵《てき》は狙《ねら》っているのだろうが、法華経の信心が強盛《ごうじょう》であるので、大難《だいなん》も事《こと》の起こる前に消え去ったのであろうか。これにつけても、よくよく御本尊を信じていきなさい」

この御指導を賜《たまわ》ってから、一年後の弘安《こうあん》二年(一二七九年)十月、四条金吾《しじょうきんご》は実際に命《いのち》を狙《ねら》われ、襲《おそ》いかかってきた強敵《ごうてき》と渡り合うという事件が起きます。

この敵人《てきじん》を撃退《げきたい》し、無事であったとの報告を聞かれた大聖人は安堵《あんど》され、「前前《さきざき》の用心《ようじん》といひ又《また》けなげといひ又法華経の信心つよき故《ゆえ》に難なく存命《ぞんめい》せさせ給《たま》い目出《めで》たし目出たし」(御書一一九二ジ)と金吾《きんご》の信心を讃《たた》えられています。

そして、すべての日蓮門下《もんか》の永遠の指針である、「なにの兵法《へいほう》よりも法華経の兵法をもちひ給《たま》うべし」（御書一一九二ページ）との御聖訓《ごせいくん》を残してくださったのです。

大聖人が弟子の無事を心から喜ばれ、安堵《あんど》される御心情《ごしんじょう》が拝《はい》されます。四条《しじょう》金吾《きんご》の勝利は、どこまでも師匠の御指導を素直に実践し抜いた「師弟不二《ふに》の信心」の勝利であり、「人間革命の勝利」であったことは間違いありません。

青年が「二十一世紀の夜明け」を

あの一九五七年（昭和三十二年）七月三日、再び飛行機に向かう私に、文京《ぶんきょう》文部の婦人部の友が必死の顔で呼びかけました。同志に、何か伝言を――。

私は間髪《かんはつ》容れず答えました。

「日本の夜明けが来た！　そう、わが同志にお伝えください」

一番大変な時に、恐怖や迷いの無明《むみょう》の闇《やみ》を払《はら》って、絶対安穏《あんのん》の太陽の慈光《じこう》を輝かせ、偉大な精神の戦いを起こす。いかなる逆境《ぎゃっきょう》にも、絶《た》えず希望と勇気の炎《ほのお》が胸に燃えている。不滅《ふめつ》の人間革命の光《ひかり》が、ここにあります。

その日から二週間——私は、獄中《ごくちゅう》で戦い抜きました。名もなき青年でありましたが、宝剣《ほうけん》のごとく生命を強く鍛《きた》え上げ、「師子王《ししおう》の心を取り出《いだ》して」立ち上がりました。

そして私が出獄《しゅつごく》した七月十七日、大阪・中之島《なかのしま》の公会堂で、豪雨《ごうう》を突いて「大阪大会」が開催され、私たちは「正義は必ず勝つ」という負けじ魂《だましい》を燃え上がらせたのです。

それは、不幸の根源の無明《むみょう》を破《やぶ》り、人間を苦しめる一切《いっさい》の魔性《ましょう》に打ち勝って、庶民が高らかに勝利の凱歌《がいか》を上げる、「民衆の時代」の夜明けになったと私は確信しています。

この方程式は今後も変わりません。二十一世紀を「民衆勝利の世紀」へ、そして「人間革命の世紀」へ、我《われ》ら創価の師子《しし》の行進は、これからが本番です。

三毒強盛《さんどくごうじょう》な濁世《じょくせ》乱世《らんせい》に、妙法の利剣《りけん》を携《たずさ》えて、勇気と智慧《ちえ》と慈悲《じひ》の戦いを起こすのです。

一人ひとりが人間革命の魂《たましい》を打ち立て、地涌《じゆ》の誇りも高く、威風堂々《いふうどうどう》と前進していこうではありませんか！

注解

〈注1〉【地涌《じゆ》の菩薩《ぼさつ》】法華経従地涌出品《じゅうちゆじゅっぽん》第十五で、釈尊《しゃくそん》が滅後《めつご》における法華経弘通《ぐつう》を託《たく》すに当たり、他の菩薩たちを退《しりぞ》けて呼び出した、久遠《くおん》の昔から教化《きょうけ》してきた弟子である菩薩。大地の下から涌出《ゆじゅつ》してきたので地涌の菩薩という。その数は無量千万億《むりょうせんまんおく》とされ、それぞれが六万恒河沙《ごうがしゃ》(ガンジス川の砂の数の六万倍。無数の意)等の眷属《けんぞく》を率《ひき》いるリーダーであると説《と》かれている。

〈注2〉【三毒《さんどく》】貪《むさぼ》り・瞋《いか》り・癡《おろか》という、三つの最も根源的な煩悩《ぼんのう》のこと。

〈注3〉【桑ケ谷問答《くわがやつもんどう》】建治《けんじ》三年(一二七七年)、鎌倉《かまくら》の桑ケ谷で行われた、日蓮大聖人の弟子・三位房《さんみぼう》と、極楽寺良観《ごくらくじりょうかん》の庇護《ひご》を受けていた竜象房《りゅうぞうぼう》との問答。竜象房は、三位房に徹底的に破折《はしゃく》された。四条金吾《しじょうきんご》は同席しただけで一言《ひとこと》も発していなかったが、〝四条金吾が徒党《ととう》を組み、武器を持って法座《ほうざ》に乱入した〟との讒言《ざんげん》が四条金吾の主君《しゅくん》・江間《えま》氏《し》の耳に入った。

〈注4〉「かの処《ところ》は・との《殿》をか《岡》の三倍とあそばして候上《そうろううえ》さど《佐渡》の国のもの・これに候《そうろう》がよくよく其《そ》の処をしりて候が申《もう》し候は・三箇郷《さんかごう》の内《うち》に・いかだと申すは第一の処なり、田畠《でんぱた》はすくなく候《そうら》へども・とく《徳》はかり《量》なしと申し候ぞ、二所《しょ》はみねんぐ《御年貢》千貫《がん》・一所は三百貫《かん》と云《うん》

云《ぬん》、かかる処《ところ》なりと承《うけたま》はる」（御書一一八三㌻）

〈注5〉「中務左衛門尉殿御返事《なかつかさのさえもんのじょうどののごへんじ》」には「将又《はたまた》日蓮下痢《くだりはら》去年《こぞ》十二月卅日《さんじゅうにち》事起《ことおこ》り今年六月三日四日日日《ひび》に度《ど》をまし月月《つきづき》に倍増《ばいぞう》す定業《じょうごう》かと存《ぞん》ずる処《ところ》に貴辺《きへん》の良薬《りょうやく》を服《ふく》してより已来《このかた》日日月月に減《げん》じて今百分《ひゃくぶん》の一となれり、しらず教主釈尊《きょうしゅしゃくそん》の入《い》りかわり・まいらせて日蓮をたすけ給《たま》うか、地涌《じゆ》の菩薩《ぼさつ》の妙法蓮華経の良薬をさづけ給えるかと疑《うたが》い候《そうろう》なり」（御書一一七九㌻）とある。また「兵衛志殿御返事《ひょうえのさかんどののごへんじ》」には「はらのけ《下痢》は左衛門《さえもん》どのの御薬《おんくすり》になを《治》りて候《そうろう》」（御書一〇九七㌻）と記《しる》されている。

〈注6〉【「定業《じょうごう》」】業の報《むく》いの内容や現れる時期が定まっている業のこと。「寿命《じゅみょう》」も業の報いとして定まるものと考えられていた。

〈注7〉【「変毒為薬《へんどくいやく》」】「毒を変じて薬と為《な》す」と読み下《くだ》す。妙法の力《ちから》によって、苦悩に支配された生命を仏の生命へと転換《てんかん》することをいう。

〈注8〉【三障四魔《さんしょうしま》】仏道修行《ぶつどうしゅぎょう》を妨《さまた》げる三つの障害と四つの魔のこと。三障とは煩悩障《ぼんのうしょう》・業障《ごうしょう》・報障《ほうしょう》をいい、四魔とは陰魔《おんま》・煩悩魔《ぼんのうま》・死魔《しま》・天子魔《てんしま》をいう。

〈注9〉【北条得宗家《ほうじょうとくそうけ》】鎌倉幕府《かまくらばくふ》の執権職《しっけんしょく》を占《し》めた北条氏の家督《かとく》を継承《けいしょう》する本家《ほんけ》。

〈注10〉【転重軽受《てんじゅうきょうじゅ》】「重《おも》きを転《てん》じて軽《かる》く受《う》く」と読み下《くだ》す。涅槃経《ねはんきょう》巻三十一に説《と》かれる。正法《しょうほう》を護持《ごじ》する功徳《くどく》によって、過去世《かこせ》の重罪《じゅうざい》を転じて、現世《げんせ》で軽くその報《むく》いを受ける、との意。

〈注11〉【「ローマクラブ」】イタリアの実業家で知識人でもあったアウレリオ・ペッチェイを中心に「地球の有限性」という共通の問題意識をもつ世界各国の知識人が集まって結成した任意団体。一九六八年にローマで初会合を開いたことから、この名がある。

〈注12〉【ペッチェイ博士】一九〇八年〜八四年。アウレリオ。イタリアの実業家、ローマクラブの創立者《そうりつしゃ》。第二次世界大戦中はレジスタンスに従事《じゅうじ》した。戦後、フィアット社を再建。一九六八年に「人類の危機」を訴《うった》え、ローマクラブを発足させて代表世話人となった。池田SGI（創価学会インタナショナル）会長との対談『二十一世紀への警鐘《けいしょう》』がある。

〈注13〉【「如来現在猶多怨嫉《にょらいげんざいゆたおんしつ》。況滅度後《きょうめつどご》」】法華経法師品《ほっしほん》第十に「如来の現《げん》に在すら猶《な》お怨嫉多《おお》し。況《いわ》んや滅度の後《のち》をや」（法華経三六二ジベー）とある。この法華経を説《と》く時は釈尊《しゃくそん》の在世《ざいせ》でさえ、なお怨嫉（反発《はんぱつ》、敵対《てきたい》）が強いのだから、ましてや、釈尊が入滅《にゅうめつ》した後において、より多くの怨嫉を受けるのは当然である、との意。

〈注14〉【李広《りこう》】？〜前一一九年。中国・前漢代《ぜんかんだい》の将軍《しょうぐん》。武帝《ぶてい》に仕《つか》え、射術《しゃじゅつ》に優《すぐ》れており、漢飛将《かんひ》軍・石虎《せっこ》将軍とも呼ばれた。匈奴《きょうど》討伐《とうばつ》や国内治政《ちせい》に多くの功績《こうせき》があり、匈奴からも恐れられるほどの勇名《ゆうめい》をはせた。部下思いの名将《めいしょう》でもあった。

新《にい》尼《あま》御《ご》前《ぜん》御《ご》返《へん》事《じ》

万人《ばんにん》の「幸福の大道《だいどう》」開く「信心の御本尊」

八月を迎《むか》えると、私は、今も、わが故郷《こきょう》である東京・大田区《おおたく》の座談会で、初めて恩師・戸田城聖先生にお会いした日を懐《なつ》かしく思い出します。

一九四七年（昭和二十二年）の八月十四日。私は、まだ十九歳の青年でした。終戦記念日の前日――民衆を苦悩のどん底《ぞこ》に陥《おとしい》れた、あの悲惨《ひさん》な戦争が終わって、ちょうど二年が過ぎようとしていました。

敗戦後の混乱の中、私は結核《けっかく》を病《や》み、間近《まぢか》に死の影を感じながら、人生の目的は何か、正しい人生はあるのかと、深く悩み抜いていました。

その時、戸田先生は、初対面の若い私に、まるで旧知《きゅうち》のように接し、広布の大理想に生き抜く人生を教えてくださいました。この師を信じて、八月二十四日、私は入信《にゅうしん》したのです。

広宣流布とは、一言《ひとこと》でいえば、自《みずか》らの人間革命を原動力として自他共《じたとも》の幸福を確立し、世界の平和を築《きず》いていくことです。

では、どうすれば、私たち一人ひとりが、もれなく幸福になり、人類の平和の大理想に向かって正しく進んでいけるのか——。

日蓮大聖人は、乱世《らんせい》に生きる私たちが、一人もれなく、自身に内在《ないざい》する、仏と等《ひと》しい生命を開き、絶対の幸福境涯《きょうがい》を確立するための方途《ほうと》として、御本尊を顕《あらわ》し、末法《まっぽう》の全民衆に与えてくださいました。

正しい信心があれば、誰が唱えても広大な功力《くりき》を涌現《ゆげん》させ、必ず幸福になることは間違いない。このことは、仏法の法理に照らして明確であります。この御本尊の偉大なる力《ちから》を戸田先生はよく〝もったいないことだが〟と前置きされながら、わかりやすい表現として「幸福製造機《せいぞうき》」に譬《たと》えられていました。

私たちは仏法の最高哲学を実践

戸田先生は明快に指導されています。

「この御本尊は、仏法の最高理論を〝機械化〟したものと理解してよろしい。たとえば、電気の理論によって、電灯ができたと同じと考えてよろしい。仏教の最高哲学を〝機械化〟した御本尊は、何に役立つかといえば、人類を幸福にする手段なのである。

されば日蓮大聖人の最高哲学の実践行動は、この御本尊を信じて、南無妙法蓮華経を唱えるにあって、この実践行動によって、人類は幸福になりうるのである」

この御本尊は「信心の御本尊」です。受持《じゅじ》した我《われ》らの信力《しんりき》・行力《ぎょうりき》によって、仏力《ぶつりき》・法力《ほうりき》があらわれるのです。信心によって、一人ひとりが自《みずか》らの可能性と使命に目覚め、人生の勝利を築《きず》いていくのです。そこに真の世界の平和実現の基盤もあります。

ゆえに戸田先生は、この御本尊を流布《るふ》することを、民衆の幸福拡大の指標《しひょう》とされたのです。

今回は「新尼御前御返事《にいあまごぜんごへんじ》」を拝《はい》して、どこまでも広宣流布に生き抜く「信心の御本尊」根本の人生を学んでいきましょう。

御文

（御書九〇四ページ一行目〜十四行目）

あまのり《甘海苔》一《ひと》ふくろ送り給《た》び畢《おわ》んぬ、又大尼《またおおあま》御前《ごぜん》よりあまのり畏《かし》こまり入《い》つて候《そうろう》、（中略）古郷《ふるさと》の事《こと》はるかに思いわすれて候《そうら》いつるに・今此《こ》のあまのりを見《み》候《そうら》いてよしなき心をもひいでて・う《憂》くつらし、かたうみ《片海》いちかは《市河》こみなと《小湊》の磯《いそ》の・ほとりにて昔見しあまのりなり、色形《いろかたち》あぢ《味》わひもかはらず、など我《わ》が父母《ふぼ》かはらせ給《たま》いけんと・かた《方》ちがへ《違》なる・うら《恨》めしさ・なみだをさへがたし。

現代語訳

甘海苔《あまのり》を一袋《ひとふくろ》お送りいただいた。また、大尼御前《おおあまごぜん》からの甘海苔も謹《つつし》んでお受け致しました。（中略）

故郷《こきょう》のことは久しく思い忘れていたところに、今、この甘海苔《あまのり》を見て、さまざまなことが思い出されて悲しく、つらいことである。片海《かたうみ》、市河《いちかわ》、小湊《こみなと》の磯《いそ》のほとりで昔見たままの甘海苔である。色や形も味も変わらないのに、どうしてわが父母《ふぼ》は亡《な》くなってしまったのかと、方向違いのうらめしさに涙を抑《おさ》えることができない。

安房《あわ》の門下《もんか》から甘海苔《あまのり》が届く

文永《ぶんえい》十二年（一二七五年）二月、身延《みのぶ》の地に海の幸《さち》「甘海苔《あまのり》」が届けられました。

故郷《こきょう》の安房国在住《あわのくにざいじゅう》の女性門下《もんか》・新尼御前《にいあまごぜん》からの御供養《ごくよう》でした。

春早くに、まだ冷たい海で採《と》れたばかりの、潮《しお》の香り漂《ただよ》う甘海苔《あまのり》だったのではないでしょうか。

この新尼御前《にいあまごぜん》の便《たよ》りとともに、大尼御前《おおあまごぜん》という女性からも、甘海苔《あまのり》の御供養《ごくよう》が届いていました。新尼・大尼という呼称から、二人は嫁と姑《しゅうとめ》の関係と考えられます（新尼を大尼の娘、または孫の嫁とする説もある）。

大聖人は、大尼御前《おおあまごぜん》に対しては「畏《かし》こまり入《い》って候《そうろう》」と少々改《あらた》まった言葉遣いをされています。

本抄の後段《こうだん》に「領家《りょうけ》」とあることから、「領家の尼《あま》」（御書八九一ページ、御書八九五ページ）と呼ばれている女性と同一人物と思われます。

「日蓮が重恩《じゅうおん》の人」（御書九〇六ページ）、「日蓮が父母《ふぼ》等に恩をかほらせたる人」（御書八九五ページ）とのお言葉と考え合わせると、大尼御前《おおあまごぜん》は、安房国長狭郡《あわのくにながさぐん》に領《りょう》地《ち》を持ち、おそらく、大聖人の御両親にとって何らかの恩義《おんぎ》のあった人物であると推察《すいさつ》されます。

故郷《こきょう》への懐《なつ》かしき思いを語る

前年（文永《ぶんえい》十一年）五月、大聖人は身延《みのぶ》に入山《にゅうざん》されました。以来九カ月、この間《かん》の御消息《ごしょうそく》に、身延での暮らしぶりなどは特に記《しる》されていません。

しかし、本抄では、懐《なつ》かしき安房《あわ》の人たちへ、海浜《かいひん》の風土と全《まった》く異《こと》なる山中《さんちゅう》の御様子が綴《つづ》られています。

「筒《つつ》の中に強兵《がっぴょう》が矢を射出《いいだ》したるがごとし」（御書九〇四ページ）と譬《たと》えられる富士川の急流。「高き屏風《びょうぶ》を四《よつ》つい《衝》た《立》てたるがごとし」（同）と形容される険峻《けんしゅん》な四方の山々。あたりに響《ひび》くのは狼《おおかみ》や猿《さる》、鹿《しか》、そしてセミの声。たまに人影を見かければ木こりが薪《たきぎ》を拾《ひろ》う姿《すがた》であり、時々、訪《たず》ねて来るのは昔から親しい同朋《どうぼう》（仲間）くらいである。峰《みね》に上がった時に、どうしてワカメがここに、と目を凝《こ》らせばそれはワラビであり、谷に下《くだ》って、甘海苔《あまのり》かと思えばセリが水際《みずぎわ》に茂《しげ》り伏《ふ》している……。

そこへ届いた甘海苔《あまのり》から、懐《なつ》かしい故郷《こきょう》への連想が広がります。

大聖人は、文永年間《ぶんえいねんかん》の初めに安房国《あわのくに》に戻られ、病床《びょうしょう》のお母様を見舞われて、更賜寿命《きょうしじゅみょう》〈注1〉を祈られるなど、故郷《こきょう》に重要な足跡《そくせき》を残されます。

しかし、その後は大難《だいなん》の嵐の激動《げきどう》の中で、一度も故郷《こきょう》に帰られることはありませんでした。

故郷《こきょう》の甘海苔《あまのり》は、かつて味わった時と変わらないのに、すでに父も母も世を去ってしまった。涙を堪《こら》えがたい――そうしたお言葉からは、御自身《ごじしん》を育《はぐ》んだ父母《ふぼ》の恩、故郷への愛惜《あいせき》が滲《にじ》むようです。

この故郷《こきょう》を思う大聖人の御心情《ごしんじょう》は、誰人《たれびと》にも深く胸に染《し》み入《い》るのではないでしょうか。

私の実家は東京・大田区大森《おおたくおおもり》の海で海苔養殖《のりようしょく》・製造を営《いとな》んでいましたので、

私にとっても、海苔の香りは生まれ故郷《こきょう》や父母《ふぼ》の思い出と重なります。また、海苔の歴史を研究するうえでも、御書の記述《きじゅつ》は貴重な文書とされています。

御文

（御書九〇四ジペー十五行目～九〇五ジペー二行目）

此《こ》れは・さて・とどめ候《そうら》いぬ、但大尼御前《ただおおあまごぜん》の御本尊の御事《おんこと》おほせつかはされて・おもひわづらひて候《そうろう》、其《そ》の故《ゆえ》は此《こ》の御本尊は天竺《てんじく》より漢土《かんど》へ渡り候《そうら》いし・あまたの三蔵《さんぞう》・漢土より月氏《がっし》へ入《い》り候いし人人《ひとびと》の中にもしるしをかせ給《たま》はず

現代語訳

それはさておくとしよう。ところで今回、大尼御前《おおあまごぜん》の御本尊の御事《おんこと》を仰《おお》せつかわされて、日蓮も思い悩んでいる。そのわけは（次のよう

である）、この御本尊は天竺《てんじく》（インド）から中国へ渡った多くの三蔵法《さんぞうほう》師《し》、また中国から月氏《がっし》（インド）の地へ入った人々の中にも書き残されていない。

前代に未曾有《みぞう》の曼荼羅《まんだら》

新尼御前《にいあまごぜん》がいつごろ、妙法の信仰を始めたかは不明ですが、大聖人の佐渡流《さどる》罪中《ざいちゅう》も、身延入山後《みのぶにゅうざんご》も純粋な信心を貫《つらぬ》き、たびたび御供養《ごくよう》をお届けしていました。その強盛《ごうじょう》な信心に対して、大聖人はすでに新尼御前に御本尊を授与《じゅよ》されていたか、あるいは、このたびの御返事《ごへんじ》とともに授与されたと拝察《はいさつ》されます。

一方、大尼御前《おおあまごぜん》からも「御本尊の御事《おんこと》」、つまり「自分も御本尊をいただきたい」との要望《ようぼう》が添《そ》えられていました。これについて大聖人は、「おもひわづらひて候《そうろう》」と綴《つづ》られています。

実は後段《こうだん》で、結論として大尼御前《おおあまごぜん》には授与《じゅよ》できない旨《むね》を伝えられるのですが、その理由を説明するにあたって、大聖人は、御本尊の甚深《じんじん》の意義を明かされていきます。

まず最初に、御自身《ごじしん》が顕《あらわ》された南無妙法蓮華経の御本尊は、インドから中国、日本へと伝来した長い仏教史の中で、全《まった》く前代未聞《みもん》の御本尊であったことを明かされます。例証《れいしょう》として、諸国の寺々の本尊は、その由来などがさまざまな記録に残されているが、大聖人が顕された御本尊についてはどこにも見当たらないことが挙《あ》げられています。

「此《こ》の大曼陀羅《だいまんだら》は仏滅後《ぶつめつご》・二千二百二十余年《よねん》の間《あいだ》・一閻浮提《いちえんぶだい》の内《うち》には未《いま》だひろまらせ給《たま》はず」（御書一二〇五ジペー）とも仰《おお》せのごとく、正法《しょうほう》・像法《ぞうほう》時代には未《み》曾《ぞ》有《う》の御本尊なのです。

続けて大聖人は、この御本尊について、本当は「経文は眼前《がんぜん》なり」（御書九〇五ジペー）と、文証《もんしょう》のうえからも明瞭《めいりょう》である。ただし、これまでは「機《き》」がなく、

「時《とき》」が至《いた》ってなかったために、誰人《たれびと》も顕《あらわ》さなかったと示されています。この論拠《ろんきょ》として、次の段で、この御本尊は、釈尊一代《しゃくそんいちだい》の説法《せっぽう》の中で法華経の寿量品《じゅりょうほん》に説《と》き顕されていること。そして、それを、滅後悪世《めつごあくせ》のために神力品《じんりきほん》で上行菩薩《じょうぎょうぼさつ》に託《たく》されたことを明かされていきます。

御文

（御書九〇五ページ十二行目～九〇六ページ六行目）

今此《こ》の御本尊は教主釈尊《きょうしゅしゃくそん》・五百塵点劫《じんてんごう》より心中《しんちゅう》にをさめさせ給《たま》いて世に出現せさせ給いても四十余年《よねん》・其《そ》の後又《のちまた》法華経の中にも迹門《しゃくもん》はせすぎて宝塔品《ほうとうほん》より事《こと》をこりて寿量品《じゅりょうほん》に説《と》き顕《あらわ》し神力品《じんりきほん》・属累《ぞくるい》に事極《ことき わま》りて候《そうら》いしが、（中略）我《われ》五百塵点劫より大地の底にかくしをきたる真の弟子あり・此《こ》れにゆづるべしとて、上行菩薩《じょうぎょうぼさつ》等を涌出品《ゆじゅっぽん》に召《め》し出《いだ》させ給いて、法華経の本門《ほんもん》の肝心《かんじん》たる妙法蓮華経の五字をゆづらせ給いて、（中略）而《しか》るに日蓮・上行菩薩にはあらねども・ほぼ兼《かね》てこれをしれるは彼《か》の菩薩の御計《おんはか》らいかと存《ぞん》じて此《こ》の二十余年が間此《あいだこ》れ

を申《もう》す

現代語訳

今、この御本尊は、教主釈尊《きょうしゅしゃくそん》が五百塵点劫《じんてんこう》の昔より心中《しんちゅう》におさめられ、世に出現されても四十年余《あま》りの間《あいだ》は説《と》かれず、その後《のち》、法華経の中でも迹門《しゃくもん》では説かれず、宝塔品《ほうとうほん》第十一より事《こと》が起こり、寿量品《じゅりょうほん》第十六で説き顕《あらわ》し、神力品《じんりきほん》第二十一・嘱累品《ぞくるいほん》第二十二で事が成就《じょうじゅ》したのである。（中略）

釈尊《しゃくそん》は「自分には五百塵点劫《じんてんこう》より大地の底に隠《かく》し置いた真の弟子がある。これに譲《ゆず》ろう」と言って涌出品《ゆじゅっぽん》第十五で上行菩薩《じょうぎょうぼさつ》等を召《め》し出されて、法華経の本門《ほんもん》の肝心《かんじん》である妙法蓮華経の五字を譲られた。（中略）

さて日蓮は、上行菩薩《じょうぎょうぼさつ》ではないけれども、以前からほぼこの事《こと》を知ることができたのは、上行菩薩の御計《おんはか》らいかと思って、この二十年余《あま》りの間《あいだ》、この事を語ってきた。

釈尊《しゃくそん》の真意は法華経の虚空会《こくうえ》に

大聖人が顕《あらわ》された「此《こ》の御本尊」とは、釈尊《しゃくそん》が五百塵点劫《じんてんこう》に成道《じょうどう》して以来、心中《しんちゅう》に所持していた御本尊にほかならないと明かされています。

そして、そのことは、法華経の虚空会《こくうえ》の儀式《ぎしき》として、厳然《げんぜん》と説《と》き示されていると仰《おお》せです。

そこで、この虚空会《こくうえ》の意義を、あらためて確認しておきましょう。

法華経宝塔品《ほうとうほん》第十一では、突然、巨大にして荘厳《そうごん》な宝塔が空中に出現します。

釈尊《しゃくそん》は、三世十方《さんぜじっぽう》の分身《ぶんしん》の仏を呼び寄せ、その塔内《とうない》に住《じゅう》する多宝如来《たほうにょらい》と並び座ると、それまで霊鷲山《りょうじゅせん》にいた衆生《しゅじょう》を空中に引き上げて、虚空会《こくうえ》の儀式《ぎしき》が始まるのです。

そこで釈尊《しゃくそん》は開口《かいこう》一番、わが滅後《めつご》に、この娑婆《しゃば》世界で法華経を弘通《ぐつう》する弟子はいないかと呼びかけます。師匠の願いに応《こた》えて、滅後悪世《あくせ》の広宣流布の戦いに立ち上がる真実の弟子は誰なのか。この誓願《せいがん》の弟子に、永遠なる仏の生命そのものである妙法を託《たく》す――それが虚空会《こくうえ》の最大のテーマです。

この師弟継承《けいしょう》の大儀式《だいぎしき》は、宝塔品《ほうとうほん》を遠序《おんじょ》として始まり、寿量品《じゅりょうほん》第十六では釈《しゃく》尊《そん》の久遠《くおん》の生命が明かされます。そして神力品《じんりきほん》第二十一と嘱累品《ぞくるいほん》第二十二に至《いた》って、久遠の仏が覚知《かくち》し、所持している法のすべてが後継《こうけい》の弟子に付託《ふたく》されて、虚空会《こくうえ》は幕を閉じるのです。

まさに「宝塔品《ほうとうほん》より事《こと》をこりて寿量品《じゅりょうほん》に説《と》き顕《あらわ》し神力品《じんりきほん》・属累《ぞくるい》に事極《ことき》わまりて候《そうら》いし」と仰《おお》せの通りです。この経文によって、大聖人が顕された御本尊が仏法の正統であることは明瞭《めいりょう》なのです。

上行菩薩《じょうぎょうぼさつ》に妙法五字を付嘱《ふぞく》

さて、滅後《めつご》の弘通《ぐつう》を考えるにあたって、一番の焦点は、仏滅後《ぶつめつご》の娑婆《しゃば》世界とは五濁悪世《ごじょくあくせ》〈注2〉だということです。そこで正法《しょうほう》を弘《ひろ》めれば大難《だいなん》が競《きそ》い起こることは間違いない。

本抄では、文殊師利菩薩《もんじゅしりぼさつ》、弥勒《みろく》菩薩、観世音《かんぜおん》菩薩、薬王《やくおう》菩薩など錚々《そうそう》たる菩薩たちであっても、彼らが望んでいるにもかかわらず、釈尊《しゃくそん》は悪世《あくせ》の弘通《ぐつう》を譲《ゆず》らなかったと仰《おお》せです。

その理由を、大聖人は「(かの菩薩《ぼさつ》たちは)まだ法華経を学び始めて日が浅い」「末代(悪世末法《あくせまっぽう》)の大難《だいなん》に耐《た》えられない」と述べられます。

では、いったい誰が、釈尊《しゃくそん》の真実の後継者《こうけいしゃ》として、末法《まっぽう》の娑婆《しゃば》世界で大難《だいなん》を忍《しの》び、広宣流布をするのでしょうか？

「我《われ》五百塵点劫《じんてんこう》より大地の底にかくしをきたる真の弟子あり」――この釈尊《しゃくそん》

の全幅《ぜんぷく》の信頼に応える者として、大地の底から呼び出された弟子たちこそ、上《じょう》行《ぎょう》菩薩《ぼさつ》ら地涌《じゆ》の菩薩なのです。

地涌《じゆ》の菩薩《ぼさつ》は「我《わ》れは久遠《くおん》従《よ》り来《このかた》　是《こ》れ等《ら》の衆《しゅ》を教化《きょうけ》せり」（法華経四六七㌻）と説《と》かれるように、釈尊《しゃくそん》が遥《はる》か久遠より指導育成してきた、最も縁《えにし》深い本化《ほんげ》〈注3〉の弟子です。

誰よりも師匠と同じく、末法流布《まっぽうるふ》への思いを共有した弟子であり、誰よりも師匠の訓練を受け切ってきた弟子であるともいえます。

地涌《じゆ》の菩薩《ぼさつ》について「能《よ》く能く心をきた《鍛》はせ給《たま》うにや」（御書一一八六㌻）と言われているのも、一番困難な末法《まっぽう》広宣流布を担《にな》い立つには、鍛《きた》え抜いた心をもっていなければならないからでしょう。

そして釈尊《しゃくそん》が、上行菩薩《じょうぎょうぼさつ》らに末法弘通《まっぽうぐつう》のために譲《ゆず》られた法こそ、「法華経の本門《ほんもん》の肝心《かんじん》たる妙法蓮華経の五字」なのです。

この趣旨は、「観心本尊抄《かんじんのほんぞんしょう》」にも「地涌千界《じゆせんがい》の大菩薩《だいぼさつ》を召《め》して寿量品《じゅりょうほん》の肝心《かんじん》たる妙法蓮華経の五字を以《もっ》て閻浮《えんぶ》の衆生《しゅじょう》に授与《じゅよ》せしめ給《たま》う」（御書二五〇ページ）と示された通りです。

「久遠《くおん》の仏」が所持する大法《だいほう》は、十界互具《じっかいごぐ》の生命を明かし、永遠に万人《ばんにん》を等《ひと》しく成仏《じょうぶつ》させゆく妙法です。その妙法の御本尊を、仏に代わって悪世末法《あくせまっぽう》に弘《ぐ》通《つう》する大使命を担《にな》うのが、三世《さんぜ》永遠の師弟の絆《きずな》で結ばれた「久遠の弟子」なのです。

苦悩に喘《あえ》ぐ悪世《あくせ》の民衆の中へ

それでは、「末法《まっぽう》の始《はじめ》」の時は、いかなる様相《ようそう》を呈《てい》しているのか。

御文では、正法誹謗《しょうほうひぼう》の悪僧《あくそう》らが社会に充満《じゅうまん》し、やがて天変地異《てんぺんちい》をはじめ、旱《かん》魃《ばつ》、疫病《えきびょう》、飢饉《ききん》、戦争などが起こり、民衆が塗炭《とたん》の苦しみに苛《さいな》まれる時代が示されています。

この苦悩に喘《あえ》ぐ民衆の中に飛び込み、平和と幸福を実現するために戦いを起こすのが地涌《じゆ》の菩薩《ぼさつ》です。その師弟誓願《せいがん》の「法華弘通《ほっけぐつう》のはた《旗》じるし」（御書一二四三ページ）こそ、御本尊です。

本抄では仏の願いとして「此《こ》の五字の大曼荼羅《だいまんだら》を身に帯《たい》し心に存《そん》せば」（御書九〇六ページ）と仰《おお》せです。すなわち、御本尊を色心共《しきしんとも》に信受《しんじゅ》して離れることなく、護《まも》り抜いていくことが勧《すす》められています。

仏から見て、苦難を避《さ》けることのできない闘諍《とうじょう》の時代の衆生《しゅじょう》を、どう救うのか。地上から悲惨《ひさん》と不幸をなくす方途《ほうと》とは何か。それは、乱世《らんせい》に生きる民衆の一人ひとりを強く賢《かしこ》くするしかない。いかなる苦難をも打ち返す仏界《ぶっかい》の生命力を触発《しょくはつ》するしかありません。

そこで、生命根源の力《ちから》を直《ただ》ちにあらわすために、御本尊が必要となるのです。本抄では、一人ひとりが御本尊を信受《しんじゅ》する実践の中に、「現世安穏《げんせあんのん》・後生善処《ごしょうぜんしょ》」〈注4〉の大功徳《だいくどく》があることを約束されています。濁悪《じょくあく》のこの世に生きる民衆のための御本尊であることを明確に仰《おお》せなのです。

そして、大聖人は悪世末法《あくせまっぽう》を救う大仏法を弘通《ぐつう》したがゆえに「三類《さんるい》の強敵《ごうてき》」〈注5〉と戦い、その大難《だいなん》を耐《た》え忍《しの》び、勝ち越えて、御本尊を顕《あらわ》されました。いかなる大難をもはね返し、法華経を弘通する姿《すがた》――それこそが、大聖人が末法流布《るふ》の使命を自覚された上行菩薩《じょうぎょうぼさつ》であられることの証明となるのです。

御文

（御書九〇六ジペー十六行目〜十八行目）

日蓮は一閻浮提《いちえんぶだい》の内《うち》・日本国・安房《あわ》の国・東条《とうじょう》の郡《こおり》に始めて此《こ》の正法《しょうほう》を弘通《ぐつう》し始めたり、随《したが》つて地頭敵《じとうかたき》となる彼《か》の者すでに半分ほろびて今半分あり、領家《りょうけ》は・いつわりをろかにて或時《あるとき》は・信じ或時はやぶる不定《ふじょう》なりしが日蓮御勘気《ごかんき》を蒙《こうむ》りし時すでに法華経をすて給《たま》いき、日蓮先よりけさんのついでごとに難信難解《なんしんなんげ》と申《もう》せしはこれなり

現代語訳

日蓮は一閻浮提《いちえんぶだい》の内《うち》、日本国安房国《あわのくに》の東条郷《とうじょうごう》で、この正法《しょうほう》を弘通《ぐつう》し始めた。これに対して地頭《じとう》が敵《かたき》となったが、彼らはすでに半分滅《ほろ》びて今は半分を残すだけである。領家《りょうけ》（の大尼御前《おおあまごぜん》）は態度がはっきりせずに、ある時は信じ、ある時は信心を失《うしな》う、というように定まらなかったが、日蓮が御勘気《ごかんき》を被《こうむ》った（竜《たつ》の口《くち》の法難《ほうなん》と佐渡流罪《さどるざい》の）時に、すでに法華経を捨ててしまわれた。日蓮が前からお目にかかるごとに「法華経は信じ難《がた》く理解《りかい》し難い」と話してきたのはこのことである。

峻厳《しゅんげん》なる信心の姿勢《しせい》を示される

大聖人は、この一節の前に「安房《あわ》の国・東条《とうじょう》の郷《ごう》は辺国《へんごく》なれども日本国の中心のごとし」（御書九〇六ジペー）と仰《おお》せです。一閻浮提《いちえんぶだい》の中でも、ほかならぬ、日本の安房国《あわのくに》・東条郷から、正法弘通《しょうほうぐつう》の戦いを開始されました。

この正義の法戦のゆえに、「猶多怨嫉《ゆたおんしつ》・況滅度後《きょうめつどご》」〈注6〉等の方程式の通り、この地の「地頭《じとう》」である東条景信《とうじょうかげのぶ》〈注7〉が敵対《てきたい》し、さまざまに迫害《はくがい》を加えてきました。大聖人の立宗《りっしゅう》宣言後の反発《はんぱつ》も、文永元年《ぶんえいがんねん》（一二六四年）の小松原《こまつばら》の法難《ほうなん》〈注8〉もそうです。

また、景信《かげのぶ》は、大尼御前《おおあまごぜん》（領家《りょうけ》の尼）の領内《りょうない》で傍若無人《ぼうじゃくぶじん》に振る舞い、二つの寺を奪《うば》って自分の支配下に置こうとしました。そうした横暴《おうぼう》な事件に際《さい》して、大聖人が領家の側《がわ》に立って味方され、景信の野望を打ち砕《くだ》かれたことも御書に記《しる》されています〈注9〉。

小松原《こまつばら》の法難《ほうなん》の直後、景信《かげのぶ》自身は急死したとも言われます。攻防戦はなお続きますが、本抄にあるごとく、仏罰《ぶつばち》は厳然《げんぜん》であり、今や敵《かたき》の勢力は半減するに至《いた》っていたようです。

ともあれ、法華経の行者《ぎょうじゃ》にとって、迫害《はくがい》の苦難は、最高の誉《ほま》れであり、正義の証《あかし》であるはずです。ところが大尼御前《おおあまごぜん》は、この信心の真髄《しんずい》がわからなかった。

「いつわりをろか」であるとは、世間的、表面的な風評《ふうひょう》や体裁《ていさい》に紛動《ふんどう》され、何が真実で何が正義かを見極《みきわ》めることができないこといえるでしょう。いい時は信じる様子を見せるが、何かあるとすぐに不信にとらわれる。

大聖人が、竜《たつ》の口《くち》の法難《ほうなん》・佐渡流罪《さどるざい》という大難《だいなん》に遭《あ》われた時には、大尼御前《おおあまごぜん》は法華経を捨ててしまった。以前から、面会するたびに、法華経は「難信難解《なんしんなんげ》」〈注10〉である、大難が起こるゆえに信心を貫《つらぬ》くのは難しいと誡《いまし》められてきたにもかかわらずです。

こうした経緯《けいい》があるだけに大聖人は、この大尼御前《おおあまごぜん》の信仰の心根《こころね》を、心配されているのです。

もし、お世話になったからという恩情で、信心のない人に御本尊を授与《じゅよ》すれば、正しい法義《ほうぎ》を曲げることになり、「法」中心でない「偏頗《へんぱ》の法師《ほっし》」（御書九〇七ジ）となってしまいます。

ところが、信心がわからない大尼御前《おおあまごぜん》は、反対に「なぜ私はいただけないのか」と恨《うら》むであろう――。大尼御前の心の動きを、手に取るように見通されながら、弟子（助阿闍梨《すけあじゃり》　注11）を介《かい》して伝えようと、こまやかな配慮を巡《めぐ》らされています。

御文

（御書九〇七ページ五行目〜七行目）

御事《おこと》にをいては御一味《ごいちみ》なるやうなれども御信心《ごしんじん》は色あらわれて候《そうろう》、さど《佐渡》の国と申《もう》し此《こ》の国と申し度度《たびたび》の御志《おんこころざし》ありてたゆむ《弛》・けしきは・みへさせ給《たま》はねば御本尊は・わたしまいらせて候なり、それも終《つい》には・いかんがと・をそれ思う事《こと》薄《うす》冰《らい》をふみ太刀《たち》に向《むか》うがごとし

現代語訳

新尼御前《にいあまごぜん》は大尼御前《おおあまごぜん》とご一緒のようであるが、あなたの法華経への

信心は目に見えて明らかである。佐渡国《さどのくに》までのお心づくしといい、この国（身延《みのぶ》）までのお心づくしといい、たびたびの厚《あつ》い志《こころざし》があって信心がたゆむ様子は見えないので、御本尊を認《したた》めて差し上げたのである。しかし、この先はどうであろうかと思うと、薄氷《はくひょう》を踏《ふ》み、太刀《たち》に向き合うようである。

信心を貫《つらぬ》き通した新尼《にいあま》を賞讃《しょうさん》

一方、新尼御前《にいあまごぜん》は、大尼御前《おおあまごぜん》と「御一味《ごいちみ》」――万事《ばんじ》、一緒のように見えるけれども、信心の姿勢《しせい》は違っていました。

「心こそ大切なれ」（御書一一九二ページ）です。人の一念《いちねん》はまことに微妙であり、ある意味でタッチの差ほどの違いが、大きな人生の分かれ目となる場合もあります。

大聖人は、たとえ家族であっても、決して一律《いちりつ》に捉《とら》えられていません。一人ひとりの顔が違うように、一人ひとりの異《こと》なる心を見つめて指導されています。その一人ひとりの胸中《きょうちゅう》に、いかにして御本尊への強盛《ごうじょう》な信心を打ち立てるか――この一点をないがしろにして、真の「人間のための宗教」はありません。

では、大聖人にとって、新尼御前《にいあまごぜん》と大尼御前《おおあまごぜん》に対して、御本尊授与《じゅよ》を決める信心の境目《さかいめ》とは、一体、いずこにあられたのでしょうか。

まず、前提として、「末法《まっぽう》広宣流布のための御本尊」ということを確認しておきたい。

本抄では、大聖人御自身《ごじしん》が悪世《あくせ》に難を忍《しの》び、妙法を弘通《ぐつう》する使命に立ち上がって、二十数年の間《あいだ》、戦ってきたと語られています。

私は、この意義を深く拝《はい》したいと思います。すなわち、諸仏《しょぶつ》の願いは末法《まっぽう》広宣流布です。悪世《あくせ》にあって、妙法五字の御本尊を「身に帯《たい》し心に存《そん》」（御書九〇六ページ）して戦う勇者が出現しなければ、悪世を変革することはできません。

大聖人は、上行菩薩《じょうぎょうぼさつ》として先駆《せんく》するお姿《すがた》を満天下《まんてんか》に示されました。自他共《じたとも》の幸福を実現する菩薩行《ぼさつぎょう》の振る舞いを通して、一人の人間が宇宙大の尊極《そんごく》な生命を顕現《けんげん》し得《う》ることを証明されたのです。

そして大聖人は、この永遠の無限大の御自身《ごじしん》の生命を一幅《いっぷく》の曼荼羅《まんだら》として顕《あらわ》されました。私たちは、この御本尊を信受《しんじゅ》することで、自身の胸中《きょうちゅう》にある宇宙大の生命を開き、あらわすことができます。

「一人」からまた「一人」へ。この人間の内《うち》なる可能性を開く実践が広がることが「広宣流布」です。それを実現するための御本尊です。まさに「人間のための御本尊」であり、「広宣流布のための御本尊」なのです。

「師弟共戦《きょうせん》」こそ仏法実践の最重要

ゆえに、この御本尊を拝《はい》するにあたって、大聖人の戦うお姿《すがた》を素直に信じることが肝要《かんよう》となります。

共《とも》に戦い、広宣流布に連《つら》なる決意がなければ、わが胸中《きょうちゅう》の尊極《そんごく》な仏の生命は力強《ちからづよ》く涌現《ゆげん》してきません。日蓮仏法の信仰とは、広宣流布に戦う師匠との共戦《きょうせん》です。

大聖人は、新尼御前《にいあまごぜん》の信心に、〝大聖人と共《とも》に〟という心があることを感じとられた。それゆえに、大聖人が竜の口《たつのくち》の法難《ほうなん》・佐渡流罪《さどるざい》という大難《だいなん》に遭《あ》われる中にあっても、また、この身延《みのぶ》にあっても、新尼御前の信心は変わらなかったことを強調されているのです。

まさしく、「度度《たびたび》の御志《おんこころざし》」と明言《めいげん》されるごとく、新尼御前《にいあまごぜん》は、大聖人を求め、御供養《ごくよう》を届け、支え申《もう》し上《あ》げる信心を貫《つらぬ》き通したのです。

言い換えれば、大難《だいなん》を受けながら民衆のために戦う大聖人のお姿《すがた》に、新尼御《にいあまご》前《ぜん》は人間として素直に触れて、そこに深い感謝と感動があり、共戦《きょうせん》の決意が湧《わ》き出《で》ていた。

その信心に立つことで、自身の胸中《きょうちゅう》の肉団《にくだん》におわします御本尊が涌現《ゆげん》してくるのです。この共戦《きょうせん》の拡大、すなわち地涌《じゆ》の広がりがあってこそ、末法《まっぽう》広宣流布は現実のものとなります。

今日《こんにち》で言えば、常に仏意仏勅《ぶついぶっちょく》の学会と共《とも》に戦うという師弟共戦《きょうせん》の信心です。そのための「広宣流布の御本尊」です。

信心があれば、御本尊の絶対の功力《くりき》は無限です。いついかなる時も、私たちが絶対の幸福境涯《きょうがい》を開きゆく力《ちから》を湧《わ》き立《た》たせることができます。それゆえに、大事なのは不退転《ふたいてん》です。

大聖人は新尼御前《にいあまごぜん》に対して、生涯《しょうがい》、広宣流布に戦う信心を確立してほしいがゆえに、「それも終《つい》には・いかんがと・をそれ思う事薄氷《ことうすらい》をふみ太刀《たち》に向《むか》うがごとし」と厳しく仰《おお》せられていると拝《はい》されます。

門下《もんか》の一人ひとりが、最後まで信心を貫《つらぬ》き通して真の幸福と安穏《あんのん》を確立してほしい。この大聖人の願いは、本抄の最後でも示されています。

竜《たつ》の口《くち》の法難《ほうなん》の直後、門下《もんか》への大弾圧が続いた時、鎌倉《かまくら》では「千人のうち九百九十九人が退転《たいてん》した」（御書九〇七ジベー、通解）が、時が移って後悔《こうかい》している様子を綴《つづ》られ、何があっても信心を全《まっと》うするよう、深い厳愛《げんあい》を注《そそ》がれています。

「人は変《かわ》れど　われは変らじ」

現代にあって、大聖人直結の「師弟共戦《きょうせん》」の信心は、創価学会の中にしかありません。牧口先生、戸田先生が教えてくださったのです。私も、ひたぶるに実践してきました。

入信《にゅうしん》以来、私は、師匠と共《とも》に、広宣流布の人生を生き抜く覚悟《かくご》を貫《つらぬ》き通してきました。恩師の事業が危機に瀕《ひん》する中、多くの弟子たちの心が揺《ゆ》れ動き、師を裏切り、師から離れていった時もありました。

しかし、私は戸田先生が自分の師匠だ、広宣流布の師匠だと心に定《さだ》め、一心《いっしん》不乱《ふらん》に戦い抜きました。

そのころ、私はこう詠《よ》んで、戸田先生にお届けしました。

「古《いにしえ》の　奇《く》しき縁《えにし》に　仕《つか》へしを　人は変《かわ》れど　われは変らじ」

私たち創価の師弟の絆《きずな》は、この苦悩の充満《じゅうまん》した娑婆《しゃば》世界で、広宣流布の大《だい》ロマンに生き抜く誓願《せいがん》にあります。

悩めるあの友に、苦しむこの友にと、勇気と慈悲《じひ》の対話で「信心の御本尊」を流布《るふ》してきたのが、創価の民衆スクラムです。

日本中、世界中のあの地この地で、妙法の御本尊を信受《しんじゅ》して、わが地涌《じゆ》の同志は、宿命《しゅくめい》の嵐を乗り越え、自他共《じたとも》の幸福と勝利の旗《はた》を高らかに掲《かか》げて前進しています。

創価学会には、地涌《じゆ》の自覚と誇りがあります。民衆勝利の凱歌《がいか》を、末法《まっぽう》のすべての人に享受《きょうじゅ》させたい。この地涌の使命に立ち上がったのが、わが誉《ほま》れの学会員です。まさに真の仏弟子《ぶつでし》であり、尊《とうと》い仏の使いです。

「時にあい、時にめぐりあって、その時にかなうということは、生まれてきたかいのあるものであります」と、恩師は教えてくださいました。

今、「大法弘通慈折広宣流布《だいほうぐつうじしゃく》」の旗《はた》が世界に林立《りんりつ》する時代が到来《とうらい》しました。

この潮流《ちょうりゅう》は、もはや誰人《たれびと》も止めることはできません。

壮大《そうだい》なる人間勝利の大行進を、いよいよ足取り軽く、威風堂々《いふうどうどう》と広げ、わが「地涌《じゆ》の尊《とうと》き使命」を果《は》たし抜いていこうではありませんか。

私と共《とも》に！

同志と共々《ともども》に！

故郷《こきょう》にて恩師と値《あ》いて
六十五年の佳節《かせつ》に
わが共戦《きょうせん》の友と拝《はい》す

〈注1〉【更賜寿命《きょうしじゅみょう》】法華経寿量品《じゅりょうほん》第十六の文で「更《さら》に寿命を賜《たま》え」と読み下《くだ》す（法華経四八五㌻）。良医病子《りょういびょうし》の譬《たと》えの中で、父の留守《るす》に誤《あやま》って毒薬《どくやく》を飲んで苦しんでいる子が、帰ってきた父に対して、治《なお》す良薬《りょうやく》を求め寿命を延ばしてくれるよう願って言った言葉。法華経を信《しん》受《じゅ》し実践する功徳《くどく》で、生命力が増し、さらに寿命が延びること。なお、御書には、「日蓮悲《は》母《は》をいのりて候《そうらい》しかば現身《げんしん》に病《やまい》をいやす《治》のみならず四箇年《かねん》の寿命をのべたり」（御書九八五㌻）とある。

〈注2〉【五濁悪世《ごじょくあくせ》】悪世の濁《にご》りの様相《ようそう》、生命の濁りの姿《すがた》を五種に分類したもの。法華経方便品《ほうべんぽん》第二にある（法華経一二四㌻）。劫濁《こうじょく》（時代の濁り）、煩悩濁《ぼんのうじょく》（煩悩による濁り）、衆生濁《しゅじょうじょく》（人々の濁り）、見濁《けんじょく》（思想の濁り）、命濁《みょうじょく》（寿命《じゅみょう》に関する濁り）をいう。

〈注3〉【本化《ほんげ》】本仏《ほんぶつ》に教化《きょうけ》された衆生《しゅじょう》のこと。迹化《しゃっけ》に対する語で、具体的には、法華経従地涌出《じゅうちゆじゅつ》品《ぽん》第十五に出現した地涌《じゆ》の菩薩《ぼさつ》をいう。

〈注4〉【「現世安穏《げんせあんのん》・後生善処《ごしょうぜんしょ》」】法華経薬草喩品《やくそうゆほん》第五に「是《こ》の諸《もろもろ》の衆生《しゅじょう》は、是の法を聞き已《おわ》って、現世安隠にして、後《のち》に善処に生《しょう》じ」（法華経二四三㌻）とある。法華経を信受《しんじゅ》する者は、現世では安穏《あんのん》な境涯《きょうがい》となり、未来世《みらいせ》においては必ず善処《ぜんしょ》に生まれる、との意。

〈注5〉【「三類《さんるい》の強敵《ごうてき》」】釈尊滅後《しゃくそんめつご》の悪世《あくせ》で法華経を弘通《ぐつう》する人を迫害《はくがい》する三種類の強敵。俗衆増《ぞくしゅぞう》上慢《じょうまん》（在家《ざいけ》の迫害者）、道門《どうもん》増上慢（出家《しゅっけ》の迫害者）、僭聖《せんしょう》増上慢（迫害の元凶《げんきょう》となる高僧《こうそう》）。

〈注6〉【「猶多怨嫉《ゆたおんしつ》・況滅度後《きょうめつどご》」】法華経法師品《ほっしほん》第十に「如来《にょらい》の現《げん》に在《いま》すすら猶《な》お怨嫉多《おお》し。況《いわ》んや滅度の後《のち》をや」（法華経三六二㌻）とある。この法華経を説《と》く時は釈尊《しゃくそん》の在世《ざいせ》でさえ、なお怨嫉（反発《はんぱつ》、敵対《てきたい》）が強いのだから、ましてや、釈尊が入滅《にゅうめつ》した後において、より多くの怨嫉を受けるのは当然である、との意。

〈注7〉【東条景信《とうじょうかげのぶ》】日蓮大聖人を立宗《りっしゅう》宣言の当初から迫害《はくがい》した安房国長狭郡東条郷《あわのくにながさぐんとうじょうごう》の地頭《じとう》。念仏《ねんぶつ》の強信者《ごうしんじゃ》であり、幕府《ばくふ》の要人《ようじん》だった北条重時《ほうじょうしげとき》らと結託《けったく》して、大聖人に種々の迫害を加えた。小松原《こまつばら》の法難《ほうなん》の後《のち》、ほどなく没《ぼっ》したとされている。

〈注8〉【小松原《こまつばら》の法難《ほうなん》】文永元年《ぶんえいがんねん》（一二六四年）十一月十一日、日蓮大聖人が天津《あまつ》の工藤邸《くどうてい》に向かう途中、東条《とうじょう》の松原《まつばら》で、地頭《じとう》の東条景信《かげのぶ》の軍勢《ぐんぜい》に襲撃《しゅうげき》された法難。門下《もんか》が死亡し、大聖人御自身《ごじしん》も額《ひたい》に傷を負《お》い、左手を折られた。

〈注9〉「東条左衛門景信《とうじょうのさえもんかげのぶ》が悪人《あくにん》として清澄《きよすみ》のかいしし《飼鹿》等をかり《狩》とり房房《ぼうぼう》の法師《ほっし》等を念仏者《ねんぶつしゃ》の所《しょ》従《じゅう》にし・なんとせしに日蓮敵《かたき》をなして領家《りょうけ》のかたうどとなり清澄・二間《ふたま》の二箇《か》の寺・東条が方《かた》につくならば日蓮法華経をすてんと、せいじやう《精誠》の起請《きしょう》をかいて日蓮が御本尊の手に

結《ゆ》いつけていのりて一年が内《うち》に両寺《りょうじ》は東条が手をはなれ候《そうら》いしなり」（御書八九四ジペー）

〈注10〉【「難信難解《なんしんなんげ》」】「信じ難《がた》く、解《げ》し難し」と読む。易信易解《いしんいげ》に対する語。法華経法師品《ほっしほん》第十には、諸経の中で法華経が最も難信難解であると明かされている。

〈注11〉【助阿闍梨《すけあじゃり》】詳細《しょうさい》は不明。清澄寺《せいちょうじ》に縁《えん》し、日蓮大聖人の弟子分《ぶん》として働いている僧であると推測《すいそく》される。「清澄寺大衆中《だいしゅちゅう》」の末尾《まつび》には「すけあざり」と記《しる》されている。

池田大作（いけだ・だいさく）

1928年（昭和3年）、東京生まれ。創価学会名誉会長。創価学会インタナショナル（SGI）会長。創価大学、アメリカ創価大学、創価学園、民主音楽協会、東京富士美術館、東洋哲学研究所、戸田記念国際平和研究所などを創立。世界各国の識者と対話を重ね、平和、文化、教育運動を推進。国連平和賞のほか、モスクワ大学、グラスゴー大学、デンバー大学、北京大学など、世界の大学・学術機関の名誉博士、名誉教授、さらに桂冠詩人・世界民衆詩人の称号、世界桂冠詩人賞、世界平和詩人賞など多数受賞。

著書は『人間革命』（全12巻）、『新・人間革命』（現26巻）など小説のほか、対談集も『二十一世紀への対話』（A・トインビー）、『二十世紀の精神の教訓』（M・ゴルバチョフ）、『平和の哲学　寛容の智慧』（A・ワヒド）、『地球対談　輝く女性の世紀へ』（H・ヘンダーソン）など多数。

勝利の経典「御書」に学ぶ 12
――華果成就御書／他

二〇一五年一月二十六日　発行

著　者　池田大作
発行者　松岡　資
発行所　聖教新聞社
〒一六〇―八〇七〇　東京都新宿区信濃町一八
電話　〇三―三三五三―六一一一（大代表）
印刷所　株式会社　精興社
製本所　大口製本印刷株式会社

定価はカバーに表示してあります

ISBN978-4-412-01558-6